上海世纪文睿文化传播公司 出品

（德）路·莎乐美 著 马振骋 译

阁楼里的女人

莎乐美论易卜生笔下的女性

世纪出版集团 上海人民出版社

目录 *Contents*

序：行为艺术家莎乐美　马振骋　刘　苇 ·001·

引言　西格弗莱德·曼德尔 ·001·

　　没有人比我更快乐，因为正在酝酿的新生—神圣—快
乐的战争不会吓倒我。（路·莎乐美）

第一章　娜拉——《玩偶之家》 ·045·

　　我们把娜拉留在了不可知的人生野地上、对着黑暗打
开的入口处，没有东西告诉她，她是否会找到通往目标的
道路。

第二章　阿尔文太太——《群鬼》 ·063·

　　她知道她必须留到最后关头，在阴影下，决不要攀登
这些照着阳光的山顶。

第三章　海特维格——《野鸭》 ·077·

　　从阁楼里传出巨大枪声……这不是对着心爱的野鸭，
而是对着她自己开的。

◆ **第四章 吕贝克——《罗斯莫庄》** ·097·

现在他的意识觉醒了，接受了花与兽的自然生活。一种不可忘怀的印象像奇迹似的把她升举到人性的高峰。

◆ **第五章 艾梨达——《海上夫人》** ·117·

她还是自愿充当了她的幻想的俘虏，处在病态、夸大、无羁无绊的情境下……

◆ **第六章 海达——《海达·高布乐》** ·143·

以她的观点来说，"自然的闪光"洒落在"勇敢的行为"上，总是落在中规中矩的范围以外。

◆ **后记 一则寓言** ·171·

但把一只野外的鸟关在一间阁楼里，这不是一桩千真万确的悲剧吗？

行为艺术家莎乐美

莎乐美的传记作家，在评说她时几乎都会称她为"谜一样的女人"。如何准确地评价她，始终没有一个定论。有人把她捧为高贵的女神，有人把她看作是矫揉造作的荡妇。莎乐美并不是一位距离我们时代遥远的人，她出生于十九世纪后半叶，主要活动年代是在十九世纪末和二十世纪初；并不像古希腊传说中的萨福那样不可捉摸。这种分歧，令人惊讶。

也许，造成这种分歧主要原因是她与男人之间的出乎人们想象的行为模式，以及她处理婚姻、感情的有悖于世俗的方式。确实，她的某些行为以今天眼光来看仍然匪夷所思。比如，她与丈夫始终保持着无性的婚姻关系，并为了维持这种关系主动为丈夫寻找"替身"，还热心抚养他们的孩子。而她最被人们津津乐道的就是与尼采、里尔克、弗洛伊德之间的剪不断、理还乱的复杂关系，以及那"三位一体"的设想。如何去判断她的行为和行为背后的深意，如何解读她的真实动机呢？

一

　　毫无疑问，莎乐美的才情不是能用世俗的标准来衡量的。因为，受她吸引的是那个时代心智最为成熟、头脑最为敏锐、思想最为杰出或诗才最为出众的精英男人。她极端聪明，内心活跃，谈吐聪慧，能够毫无障碍地与那些时代俊杰进行思想和精神上的交流。她又耽于幻想，充满好奇，对一切新事物满怀热切的向往。

　　一八八一年末，她年届二十一岁在母亲陪同下前往罗马休养。之前，她曾经在苏黎世待过一段时间，客居在她的教父埃玛纽艾尔·勃朗特的一处美丽的产邑。此次出游其实是为了躲避她的俄国启蒙老师吉洛特牧师对她的求婚。

　　不久，她不经考试就在苏黎世的一座大学注册，修一八八〇年——一八八一年冬季神学课程。后因身体不好来到意大利疗养。在罗马，她被引见给玛尔维达·梅森堡夫人。梅森堡夫人是自由思想的门徒，她的著作《一个女理想主义者的回忆录》曾在欧洲引起轰动；同时，她建立起了一个沙龙，周围聚集了欧洲许多著名的知识分子。莎乐美很快融入了这一团体。梅森堡夫人以欣赏、关切甚至溺爱的态度接纳了莎乐美。

不多久莎乐美就在梅森堡夫人家遇见了三十三岁的年轻哲学家保罗·雷。他目光中充溢的智慧，以及对莎乐美流露出来的善意和幽默深深吸引着她。保罗·雷顺路送莎乐美回旅馆的途中，她勇敢地与他讨论起哲学。从此，两人养成了习惯，从梅森堡夫人家中出来后一定在罗马的街边上散步到深夜，讨论彼此感兴趣的话题。

由此莎乐美突发奇想，为什么不租一间房，两人住在一起每天讨论学问呢？当莎乐美说出这一想法，雷立刻欣然接受。但他也就此误解了莎乐美。他冒失地请求莎乐美的母亲将女儿嫁给他。莎乐美闻讯后怒不可遏，她刚从吉洛特的求婚阴影中逃脱了出来，她不理解为什么与她一同讨论学问的男人都会想到要与她结婚？但很快雷同意在他们的关系中扮演兄长的角色，只是提出让尼采也加入进来。

保罗·雷是尼采的好朋友，两人志同道合，要建立一种乌托邦式的理想：思想者共同体，在工作和友谊中共同致力于人类的解放。保罗·雷不久前完成了《精神情感的起源》；而尼采则埋头于《人性的，太人性的》的写作，这位《悲剧的诞生》的作者正经受着因与瓦格纳决裂公众因此对他不满的痛苦。此外，他还受到偏头痛、忧郁症、胃病、视力减退等折磨，不得不四处游荡，寻求减轻痛苦的写作环境。

早在十九世纪七十年代，瓦格纳曾劝告尼采，如果他要克服忧郁症，就不要和男人来往过密而应该去寻找女人。一八七四年四月六日，瓦格纳给尼采的信中说："除此之外，我发觉我一生中跟男人从来没有像你在巴塞尔黄昏时刻那样的接触……一个青年看起来缺少的是女人……问题是要知道到哪儿去找她们，而不是偷她们。当然，需要的话你总是可以偷到一个的。我想你应该结婚了。"

雷向尼采写信，称赞这位聪慧的俄国女子。他在信中究竟说了什么已不详知，尼采回信的语调非常奇怪："如果是为了这个目的，代我向这位俄罗斯少女道贺，我很贪求这类的灵魂。事实上我也在寻觅这样的猎物。我需要她，这是我今后十年内希望做的事。婚姻是另一件完全不同的事，我最多可以同意为期两年的婚姻……"当尼采来到罗马，第一次与莎乐美会面时就被她深深吸引，又惊又喜地问道："我们是从哪两颗星球跌落在此地相会的？"

就这样，奇特的"三位一体"团体组成了。莎乐美感到愉快。在她保留的日记中，和尼采当时的工作笔记中，记载了他们的思想交锋，以及那种神思飞扬、妙语如珠的长时间交谈的欢乐。他们还计划三人一同去巴黎和俄罗斯旅游。在这团体中似乎莎乐美起着主导作用。两个男人的友情要在这一位迷人女子面前经受考验。有迹象表明，当莎乐美与其中某人单独相处时，另一个人则被嫉妒所煎熬。雷还较为善于克制；而尼采这位才华横溢的"萨克森哲学家"则毫不掩饰自己的焦躁和烦恼。尼采认为自己找到了明智而有教养的伴侣。他向莎乐美写信说："我生活中最美的梦是由你而来的。"在瑞士一次朋友集会中，有人在书信中提到："他（尼采）不断地谈论路（莎乐美）……就像到了应许之地的人。"尼采先后两次向莎乐美求婚，两次都被拒绝。还由于尼采的妹妹从中作梗等多种原因，致使尼采愤怒离去，并在这之后写下那句愤世嫉俗的箴言："回到女人身边，别忘了带上你的鞭子。"

二

从这一切可以看出，莎乐美喜欢与男人相处，尤其是那些有深刻思想和旷世奇才的精英男士，包括后来的里尔克和弗洛伊德。这对她来说好像有着致命的诱惑力，她一生乐此不疲。但奇怪的是，在与他们相处中，她总是由自己来掌舵航船的方向，从不考虑迎面而来的世俗偏见的汹涌浪涛，道德礼仪、习俗规范在她那"自由的结合"面前显得无足轻重。她就像一头充满野性和活力的麋鹿，从不惧怕任何陡峭的山峰和悬崖。

为了了解莎乐美的惊世骇俗、特立独行做法的由来，必须了解当时欧洲，尤其她生长的圣彼得堡，是如何在知识、美学、政治讨论中反映女性问题的。

莎乐美出生时正逢俄罗斯农奴解放的时代，因而"她是在上升的自由之星照耀下诞生的"；那时也正是欧洲妇女问题抬头的时代。妇女问题涉及美学、哲学、心理学、医学、法律、经济和政治。在德国，随着妇女问题的出现也提出了性问题和社会问题。面对越来越有组织的妇女运动，生物学与医学领域却出现明显的反女性主义倾向，不但强调两性的生理差异，还强调男性的优越性。意大利犯罪学、人类学家隆勃鲁索（Lombroso）、德国性学家克拉夫脱·艾平（Krafft-Ebing）、社会达尔文主义者翰格尔（Haekel）均宣称女人不够进化，像野蛮人和孩子，不明是非，只宜生孩子与做保姆。在罗塞特（Russett）《性科学》书中有一章题为："天才的女人是男人"。

在俄国则完全不同。相对于欧洲在女性问题上的保守态度，当时俄国女性已经具有接受教育的机会，开始积极参与政治反对派和知识界的生活。女性问题也成为当时俄国社会热门话题。奴隶解放法令颁发，圣彼得堡不同政见者与政府紧张对峙，反对派知识分子组织的成立，形成错综复杂的社会关系和政治主张，对女性有三派意见：（1）家庭自由，女性在公共领域享有一些权利；（2）取消家庭，解放妇女；（3）从社会与政治角度改变女性地位，把女性问题纳入更大的政治问题中。那些知识分子经常为有反叛精神的女性离家出走而辩护，鼓励她们走出小家，融入社会，发展自我，完成女性的解放。

　　莎乐美的家庭属于圣彼得堡的上流社会，她家是不允许她加入反对权威的知识分子行列的，但她也没有自我封闭，更没有对于她所生长的城市中的反叛精神无动于衷。她对两性差异与两性关系的看法，虽然在她遇到的欧洲人中间显得特异，与俄国女性虚无主义者的对女性要求和社会战略还是相符的。这些妇女在想象中，并且在生活中，过着一种相伴而又没有性的婚姻生活，她们防止自己陷入爱情的陷阱，以此作为解药逃避受男人支配的危险。车尔尼雪夫斯基在小说《怎么办》中就刻画了这样新人类形象：

　　　　中心人物是薇拉·帕夫洛芙娃，一个非常知书达理的青年妇女。她为了逃避一门不中意的亲事和母亲的压制，跟兄弟的家庭教师结了婚，他是一个学医的青年学生，名叫德米特里依·鲁勃可夫。这对新婚夫妇住在一套公寓里，各有各的卧室，他们非常注意做到相敬如宾，避免涉足彼此的隐私，他们是否有性关系，一直不清楚……

得到丈夫的尊重，有自己的卧室，个人幸福，甚至还有性自由，这些对帕夫洛芙娃来说都还不够，她还要求经济独立。

许多新女性或虚无主义者都承诺等到三十岁以后才与男人有性关系，她们公开讨论性的危险，如同不小心会陷入圈套一样。莎乐美的个人生活理想是与一位具有同样想法的知识男性生活在两个卧室内，中间隔着放满书籍和鲜花的起居室，这与车尔尼雪夫斯基小说女主人公很相像。

不过，她向保罗·雷和尼采建议过三人生活还是令人震惊；这毕竟不同于外人难以评头论足的两人世界。

三

莎乐美从小性格独立，思想活泼，头脑早熟，但对身体成长意识迟缓。少年时代关心同时代的社会、哲学、宗教问题，渴求了解精神世界的奥秘。在她实行"三位一体"理想组合时，还仅是二十出头的年轻女子，显然涉世未深，只凭自己意愿行事而不顾外界评判。她与尼采交往也不可避免地深受尼采哲学思想的影响——审美的、艺术的生活要比道德的生活有价值得多；选择自主、独立的生活方式要远胜于受世俗约束的"规范"的生活方式。这一"强力意志"的理念贯穿在她整个人生中。

最富有意味的是，在"三位一体"的"热恋"阶段，尼采曾亲自导演拍摄了一张照片，莎乐美坐在一辆车上，手拿一根鞭，雷和尼采则在前方拉牛。难以揣摩当时尼采拍摄这张照片的想法和心理状态。但它却犹如一个隐喻和神启，预示着莎乐美在与众多男子关系中始终处于一种"驾驭者"的冷静位置。有评论家评论说："她只点燃别人，让他们在爱的热焰中燃烧，要么使人休克，要么在九个月后诞生一部伟大的书稿。"甚至更有人认为，她的那些不同寻常的经历更像是一次行为艺术，如果以现代艺术的眼光来看待的话。

莎乐美一生结识与交往的名人中除尼采、里尔克、弗洛伊德外，还有瓦格纳、托尔斯泰、勃兰兑斯、霍普曼、斯特林堡，可能还有赫尔岑、屠格涅夫等。因此，有人说她收集名男人就像收集名画一样。

然而也有同时代人说她具有强烈求知欲，天赋极高，善于启发别人尽情发挥，谈吐高雅，毫不顾忌社会习俗，富有坚定的自主意识，还有惊人的美貌。"当她走进房间，太阳就升起来了。"综观现代历史，几乎找不出一位女性像她那样能吸引如此众多优秀男人，哪怕是最独立、最叛逆的男性，如尼采、弗洛伊德等。也许，在这一点上，只有乔治·桑稍稍可与她比肩。

然而，乔治·桑除了与缪塞、萧邦等传世艳遇外，还有大量小说流传后世被人称道。可是，即便以严格标准来衡量，莎乐美也算得上是一位作家。她一生共发表十五部小说和散文集，还有研究尼采、易卜生、里尔克和弗洛伊德的长篇著作，一百多篇随笔、评论，涉及宗教心理、妇女问题、文学及心理分析等。她还保留了内容详尽的日记和笔记。可惜今天仍然没有人把她当作严肃作家来看待。这对她有失公允。

造成这一现象的原因是她的生平经历实在太令人惊骇。几乎所有研究者都一致公认，她的生平要比她的作品精彩。还有一个原因是，她对自己的生平讳莫如深，她的回忆录可信性不大，给企图分清哪些是友谊，哪些是知识交流，哪些是调情带来极大的困难。这也难怪人们要对她生平事迹津津乐道，而将她的作品弃置一旁，很少有人予以重视。

引言

我既不能根据楷模来塑造我的人生，也不能把我的人生塑造成任何人的楷模。不但如此，我还更可能按照我自己的方式安排我自己的人生，不论会有什么样的后果。由此我不需要表现什么原则，而是表现更为神奇的东西——发自我内心、热烈引起生活共鸣的东西，欢跃又要向外涌现的东西……没有人比我更快乐，因为正在酝酿的新生—神圣—快乐的战争不会吓倒我。相反，让它开始吧！我们可以看到由这个世界设置的被大众称为"不可逾越的障碍"，是否会成为形同虚设的粉笔分界线！

—— 路·莎乐美

1981 年，路·莎乐美逝世约四十四年后，巴伐利亚国家歌剧院委员会把她作为慕尼黑首场演出歌剧的女主角和剧名人物（西诺波里的《路·莎乐美》），重现于世人面前。西诺波里是作曲家、指挥家和有执照的心理医生，指导鬼影幢幢的那场戏；戏内莎乐美跟尼采相遇，尔后跟里尔克和弗洛伊德的那幕收场戏则安排在舞台两侧。

　　莎乐美本人初次登台可能早在 1891 年，由于各种因素的巧合，作为替身演出易卜生剧中的海达·高布乐。路第一个注意到的天才男人是易卜生，但是她对他的女主角的阐释只有德国和斯堪的纳维亚半岛的观众是熟悉的，因为她的易卜生论述没有英文版。这些论述不但宣扬她个人对社会中妇女作用的想法，也为易卜生的创作进行强烈的申辩。

一

　　孤独的哲学家弗雷德里克·尼采，1882 年在罗马遇见路（原名路易丝）·冯·莎乐美小姐以后，不是第一个，肯定也不是最后一个说，这位美貌惊人的二十一岁俄罗斯姑娘是他平生有幸或不幸遇到的最有天赋、最有反省力和"最聪明的女性"。她妩媚动人、聪明、文学素养高、有主见，进入了一切领域内的欧洲知识分子圈子。他们这些人是组成戏剧界、出版界、文学和视觉艺术界、心理和哲学，甚至政治范畴内创造性人物的真正"名人录"。

莎乐美在不同时期的私生活中，时而受人控制，时而经人点化，时而神圣高尚，时而飞扬跋扈。她的淫荡激发了男友和情人的灵感，也打击了他们的痴情，以致造成两个人为她自杀。传记作家和回忆录作者对她的生活深感迷惑，把她描写成什么样的都有，从现代版的古希腊妓女到心理分析病史研究的对象。

遇到尼采前不久，路已为自己确定了解放的道路。从1880年离开俄罗斯圣彼得堡的温暖窝，到1937年在德国哥廷根大学城逝世为止，她从未停止过追寻。离家意味着独立、摆脱爱的束缚和世俗的限制（尽管她已享有相当多的个人自由），这些束缚来自她的家庭，尤其是她的母亲，"她会不顾一切地要她的几个儿子把我死活拖回家来"。但是，"因为我这人自私自利，我不会感到遗憾或者想家"。莎乐美在苏黎世做自由艺术的大学生时，成绩优异，一位好朋友对她获得不久的个人生活颇有微词，她断然写信对他说：

我既不能根据楷模来塑造我的人生，也不能把我的人生塑造成任何人的楷模。不但如此，我还更可能按照我自己的方式安排我自己的人生，不论会有什么样的后果。由此我不需要表现什么原则，而是表现更为神奇的东西——发自我内心、热烈引起生活共鸣的东西，欢跃又要向外涌现的东西……没有人比我更快乐，因为正在酝酿的新生—神圣—快乐的战争不会吓倒我。相反，让它开始吧！我们可以看到由这个世界设置的被大众称为"不可逾越的障碍",是否会成为形同虚设的粉笔分界线!

她在信末还提出一个请求,她不要求什么忠告,而是保持"我由你而逐渐成为你的女儿的那天起"两人之间增进的信任。

信里这段话若不是给一名教士亨特里克·基洛特写的,看起来也并不奇怪。关于他这个人,她编了一段剧情,这样的剧情在她一生中重复了好几回,听起来也就像是虚构的了。

事情还是要从头说起。她的父亲居斯塔夫在俄罗斯军队里是将军,后又当了官吏。出身于信奉新教的巴尔干日耳曼家庭,他也是个虔诚的信徒。他呈请沙皇下诏,在圣彼得堡建造一座路德宗教堂。他的女儿却很早就对一个具体的上帝,或者仅以神学哲理而证明其存在的上帝失去了信仰。出于对年迈的将军父亲的尊敬,她避免与教会公开决裂,而是拖延着不去做坚信礼。当时,亨特里克·基洛特和他的一家受邀到了圣彼得堡,他被授为德国改良教会会长,还在德国大使馆的帮助下,当上了一座"对立的"、更为国际化的教堂的牧师。他讲道很有特色,口才很好,又加上知识渊博,能引经据典,得出明智与具有哲理的训诫,给人留下深刻的印象。

在一名亲戚的敦促下,将军的女儿去听基洛特的讲演,她觉得"一个活生生的人进入了她的梦境"。她写信表示了要见他的愿望。不久她收到了一份邀请,请她参加他的牧师指导课。根据她的回忆,这一幕是充满了感情的。这个情绪激动、带着眼泪的十七岁少女,受到一个老于世故、比她大十五岁的牧师的欢迎,他张开双臂拥抱她。好几个月悬崖勒马的幽会，使他们处于中世纪爱洛绮丝和阿贝拉尔神父的情境的边缘，但是还没有到那个地步。她在他的指导下见识大有长进，读了他推荐的书籍，写了满满几本笔记，从文学到形而上学，包括宗教哲学和一长单子法语和德语著作。

这首感情与智慧的田园诗因父亲的逝世而中断了。这件事来得很突然，对她是个冲击，因为父女俩的感情很深。基洛特对她又爱又充满骑士精神，就像对待自己的妻子。在他的羽翼下，她感到难以忘怀的自尊与自由，还有一种温馨的亲密，然而这也造成了她的心理问题。她经常扮演荡妇，对他的赞扬与惩罚都感到有趣。

对于基洛特的指导课，一种诚实的心理促使她很快对母亲和盘托出。在以后的对质中，牧师还是证明自己很有说服力，还是可以让他继续辅导她。这个错误后来给他带来不少烦恼。当他的学生坐在他的膝盖上唤醒他的世俗欲望时，她对他的精神崇拜以及父女般的亲情依然不减。当他突然求婚，有意要抛弃妻子与两个女儿时，路易丝对他说，她既不准备结婚，也不会接受一个还俗的神一般的人物。

她像这个阶级的其他俄罗斯青年一样，决定逃往苏黎世，上大学继续读书。她的母亲勉强同意了，但是有一道障碍依然存在。她离开了教会，沙皇政府不给没有坚信礼证明的人发护照。基洛特暗示他可以在境外一个荷兰小村庄的朋友的教堂里给她补行所需的坚信礼。她不但同意了，还规定怎样把它做成一个与众不同的仪式。尽管她拒绝跟基洛特结婚，举行坚信礼后他俩必然离别，这件事却"叫她像死那么害怕"。在这场酷似婚礼的仪式里，她选择了神的话

/ 阁楼里的女人：莎乐美论易卜生笔下的女性 /

作为结束语，并通过基洛特的嘴说了出来："你不要害怕，因为我救赎了你。我曾题你的名召你，你是属于我的。"(《以赛亚书》43：1)这位神经紧张的新郎—教士念到她的名字前愣了一下（她的名字在俄语中为"里乌拉"），叫她为"路"，这个名字她保留下来，使用了一辈子。幸而，像路在回忆录中说的那样，陪在身边的母亲对于这个用荷兰语进行的亵渎神灵的仪式一字不懂。"年轻时的爱情故事出人意料地来了个急转弯，我对此也似懂非懂……这个情人就像早些时候我对上帝的爱，突然之间消失了。"以后当她回顾发生的事所包含的意义时，她理性地认识到这不是一场婚礼，虽然她跪在了基洛特面前，因为在正式婚礼中男女双方都会下跪，在彼此的理想中结合在一起。这个想法后来成为她思想中的一个关键因素。她一生中只有很少几次与一个伴侣体验这个理想。

路的种种行为不是在用心计去伤害人家，而是为了满足个人的私欲，只对自己承担责任。这种想法也可能是受一个优秀可爱的老姑娘姑妈卡洛的影响。卡洛相信，女人听从心底的无意识需要，在精神与肉体上去"般配"一位值得崇拜的男人（如路对自己的父亲），是很自然的，这在一种居于受保护地位又有争取"自由"意识的氛围里，对于个人发展很有必要。

此外，卡洛对她的侄女解释说，女人的理性心态必须跟那种称为"独立"的力量并存。自由与独立，无意识需要与理性心态之间的对立，只有通过相互提高和接受才能够调和，不是一个对另一个顶礼膜拜，也不是投降和归顺。只有这些条件确立了，一个能干、独立的妇女经过决定性的奋斗，才能够平静地定居在自己的"命运"

里。把这位少女第一次带到决定其命运的基洛特讲台前的人也是卡洛，卡洛的信念在路与基洛特的关系中经受了考验。在基洛特以后，这些信念成为路的生活教理。

路的家庭，尽管对她明显的任性行为表示反对与忧虑，但还是允许她自由发展，并且继续在经济上支持她在国外的"独立"生活。然而没能找到一个她愿意为之放弃这种独立性的男人，这是她的命运。与基洛特分手使她病了一场，但她还是充分感受到生活的喜悦与肯定。她在苏黎世大学选读比较宗教与哲学——这是智力的冒险，使她以后有条件在不同领域的优秀人物面前坚持自己的主张。她的尚显幼稚、自由忏悔式的诗歌受到重视也使她极为高兴。同时由于健康原因，她被迫迁往南方去寻找更好的气候，并由此进入了梅森堡主持的文艺圈子。

玛尔维达·冯·梅森堡是大部头畅销书《一位理想主义者的回忆》的作者。她的别墅俯视罗马城，是哲学和诗歌爱好者的集会地。晚会上朗诵的作品与讨论的内容都非常有品位。她鼓励在两性之间严格的礼仪范围内交换文化与精神的知识，她相信不用放弃社会习俗也可以达到解放之路。

路在那里听到了保罗·雷的谈话，深信他们两人可以做朋友。雷是波美拉尼地区的容克地主，他中断了法律学业，志愿入伍参加普法战争，后来在作战中负了伤。于是他改学哲学，写了一篇关于亚里士多德的道德的论文并得到博士学位。他同时出版了一部箴言录，正是这部书巩固了他与尼采的友谊。他结合自己的法律与哲学知识，通过研究上古初民和现代人的刑法，去追溯道德的发展，这是一项宏大的工程。

　　他认为觉悟是习惯于禁令性法律和承认和平生活必要性的文化的结果。他在结论中不无悲观地说，追求自身利益是人的动物本性的显露。虚荣使人成为最贪婪的肉食兽，为了克服它，人必须制订个人行为准则。路听了雷的话，受到了迷惑。在那以前，她所受的宗教教育在不同程度上是个人的、神秘的或理性的。此后一段时间她变得失望，失去了信仰，虽然信仰问题依然使她困惑。所以她很高兴通过心理分析去重新认识一切。

　　雷接受了路的建议，两人像兄妹似地开始一起生活，并建立了一个文化沙龙。雷把一切需要谨慎的想法都忘了，同意这种无性内容的安排；雷也像基洛特，后来才后悔这项理想主义的动议。如果说路的心里其实更明白的话，她的行动却躲在自由的自我发展的幌子后面显出漫不经心的样子。

　　关于路的怪诞行为的流言传到她母亲的耳朵里，她写信给基洛特，要求他提醒路注意习俗与财产。基洛特也真的写了，他的"女儿"回答他说她不需要劝告，她需要的是老导师的信任。雷也做出爱的姿态，希望路免受流言蜚语之累，要求路的母亲同意他娶她的女儿为妻。路听说这些事后大发雷霆，斗气似地表示她才不把别人对她行为的非议放在心上。这种奇怪的同居生活还是持续了五年。

　　但是这一开始上演的就是一幕双向的悲喜剧，路向雷提出她要创造一个"神圣的三位一体"的怪念头——几乎是对宗教观点的滑稽模仿——要增添第三个人。雷愚蠢地接受了这个诱惑，没有多加考虑就想到让年纪比路大十七岁的尼采作为"精神保姆"入伙。雷建议大家见个面，尼采带着嘲讽而严肃的语气回答说："如果是为了这个目的，代我向这位俄罗斯少女道贺，我很贪求这类的灵魂。事实上我也在寻觅这样的猎物。我需要她，这是我今后十年内希望做的事。婚姻是另一件完全不同的事，我最多可以同意为期两年的婚姻……"他最初几句祝贺的话显然是一种深思熟虑后的骑士姿态："我们是从哪两颗星球上跌落在此地相会的呢？"

提议中的"三位一体"没有多大机会在同一颗星球上幸存下来。对雷来说，他认为自己受了利用，让尼采用自己的名义向路求婚，这样的事被证明是无法容忍的。但对路来说，事情兴奋刺激，她为得到尼采的青睐而喜不自禁。尼采给了她一张签名照，自称是"逃亡中的前哲学教授"。他修改她的若干诗篇，谱上曲子，和她进行长时间兴奋的讨论，对待她毫不倚老卖老，与她交流经验时，尼采尤其记得"我一生中欢天喜地的时光都是由你而来的"。

在意大利奥尔塔附近度假时，路和尼采在她的母亲和雷面前找了个借口，躲进了蒙特萨克罗（意为"圣山"——译注）。这个地名的巧合的象征意义是不言而喻的。这两个极端以自我为中心的人之间究竟发生了什么没有人知道。但是"蒙特萨克罗之路"在尼采的回忆中长期挥之不去，而路在回忆录中则说，她即使越轨吻了尼采，也记不得这样的事了。从那座神秘的山顶下来，尼采表示了他的希望，就是通过他新发现的自我，或许可以找到那个帮助他走向他的目标的人。对于雷来说，这个插曲证实了他自己的箴言：所有人在虚荣和自私方面都是相同的。

当然路心中不存在长期结合的想法。在尼采的催促下，"三位一体"在卢塞恩重新见面。尼采——根据路的说法——兴高采烈，筹划拍一张三人照，安排每个最终的细节。雷讨厌这个主意，却还是同意了让自己和尼采摆好姿势去推一辆双轮车的车辕。路半躺在车上，戴手套的左手抓住系在两个男人手臂上的绳子，右手挥舞着一根浅紫色的长柄鞭子。路和雷没有显出好玩的样子，虽然路留下了照片作为回忆。不久以后照片发表时，证实这成了一场噩梦，这种荒谬可笑的情境臭名远扬。

没有婚约的智力与精神上的热情关系，使路和尼采很迷惑，但是其他人对这种情况却予以谴责并表示强烈的敌意，不久把原本可以成为友谊的东西也破坏了。然而当这个关系存在时，两个人的"自我"都感到了满足。

尼采热情澎湃，路的外貌与机智使他兴奋，但是当他想到自己受到的冷落时，也会控制不住情绪，大骂她是一头"带着假胸脯的雌猴儿，一个假少女"。由于对路、自己的妹妹和母亲的愤懑，他在《查拉图斯特拉如是说》一书中对女人又恨又爱，而路把她跟尼采交往而受益的思考与感觉，都写在了自传体小说《为上帝而战》（1855）中。为了保护影射的人物，可能还为了瞄准市场的销路，年轻的作者选择了亨利·路作为笔名。"亨利"这个名字被人疑为亨特里克·基洛特的名字。在小说的人物辩论中，路的女主角鼓吹两性智力与心理上的平等地位，反对强加的双重道德标准、留守家室和婚姻。

路为什么屡次三番冒着发生心理危机的风险，去跟男人调情呢？这是个得不到答案的问题，尽管传记作家都努力去揭开这个谜。

当两人住在柏林时，路告诉雷说，除非雷反对，她要继续去看一个年龄较大的男人——弗雷德·查尔斯·安德烈亚斯，一个才华横溢、脾气古怪的东方哲学、文学教授。雷没有反对，可能是因为他对自己与她的永久友谊寄予信任。然而当她1886年11月突然宣布她订婚了，雷终于感到悲剧来临了，安静地走出了她的生活（他当上了医生，在外省深居简出，用医道优先为穷人治病）。雷不知道路后来在回忆录中描述了心情骚乱的全过程。

安德烈亚斯是个热情的追求者，他无法得到路的允婚，绝望中一刀插入胸脯，仅差一点便死于非命。路最终同意结婚，但是又像她和一生中其他男人的关系一样，条件都是她制定的。她不愿意在情感讹诈的方式下投降。我们也知道安德烈亚斯后来把他的名字德国化了，把弗雷德改成弗雷德里希，路称他为弗赖德或F。可以想象到这是跟弗里德里希·尼采的一场代理婚礼。

路异想天开，毫无顾忌，全然不理会其他人的感受。她希望她的婚礼在基洛特给她主持过坚信礼的荷兰教堂里举行。当基洛特谢绝按照路的剧情去表演时，她同意婚礼改在圣彼得堡，因为在那里基洛特是驻堂牧师，他就没有理由拒绝主持了。如果说安德烈亚斯对这些安排已经不太满意，那么以后事态的发展更使他感到不舒服了。由于路的不乐意，这场婚姻从未实行过，然而在名义上却保持了四十多年。起初，就潜伏着不可解决的心理问题——可能集中在她无法割断对父亲的思念上，逐渐向"乱伦恐惧症"靠近。这个问题，据H.F.彼得斯的看法，一部分原因是安德烈亚斯有"压服她的粗暴企图，另一部分原因是她把他看做是父亲，要多于把他看做是丈夫。她一生中依然是她父亲的孩子……路经常把丈夫比做'小老人'，这个称呼说明她的感觉的矛盾性"。同样，鲁道尔夫·比尼恩说："路在塞德波特让安德烈亚斯与她一起跪在基洛特面前，意思是把安德烈亚斯从高不可攀的父亲—神地位降下来……跟弗雷德在一起时她有冷淡症。"除了这类猜测以外，有一点是肯定的，她不愿意屈服于任何她觉得束缚她、侵犯她独立的东西。在路与她的情人之间不存在两性的樊篱。

在安德烈亚斯1930年逝世以前，她与他尽管志趣相投，相聚的次数却愈来愈少了。由于经济情况独立于安德烈亚斯，路常有机会出外旅行。这首先得到家庭的支持，其次依靠她自己的稿酬收入。她鼓励安德烈亚斯去找个代理妻子，他果真找上了女管家，她给他生了几个孩子，其中一个在路的晚年还成了她真正的女儿。从一开始，两人在倔强的意志冲突中却产生了一份友好的协定：不离婚。路只是在名义上受到约束，却在其他一切方面保留自己内心的决定。两个人在各自选择的领域都极有作为，只是安德烈亚斯的学术著作虽然取得进展，但从未出版。

路从与一切她欣赏的成熟男人的接触中，学到了许多东西，跟安德烈亚斯也是如此，尤其是最初两年一起住在柏林郊区的时候。他们有共同的兴趣，安德烈亚斯经常念书给她听。易卜生的挪威语译本，经常要早于德语版出现。她被易卜生的舞台剧深深吸引了，因为她立即理解了易卜生塑造的女性人物的性格，他所反映出的普通妇女的艰难处境，特别与她个人的某些经历相似，这更使她与他的戏剧产生了共鸣。在路和易卜生看来，女性独立与解放的问题，其根子存在于心理环境之中，更多于表面的社会和经济领域之中。

1889年，路遇到了新建立的先锋派戏剧文学团体"自由人民舞台"的领袖人物，这个团体有点类似安东尼在巴黎的自由剧场。"自由人民舞台"主张"自由"的舞台，其意义是不说自明的。他们还出版了一本刊物《自由舞台》，倡导人类精神革命和资本主义制度社会化。路对于政治方面不感兴趣，社团剧场主任奥托·勃拉姆也不感兴趣。这个剧场只维持了两个演出季，因为易卜生的名字那时对于官方舞台是一个"诅咒"。然而这个民间的人民舞台吸引了各大剧团最好的演员，决定于1889年9月29日把易卜生的《群鬼》作为炮轰当今社会的首场演出。观众又重复观看了两年前在柏林的另一场内部演出的情景，那次暴风雨般的欢呼声使易卜生流下了快乐的眼泪。

路观看了排演，并给《自由舞台》写文章，为这个包括剧作家盖尔哈特·霍普曼在内的社团的献礼剧目摇旗呐喊。这一切，又加上她与尼采的关系所带来的传说与名声，使富有活力的路获得了流浪剧组全体人员的热烈拥护。

毫无疑问她读过勃拉姆的长篇传记式评论文章，对易卜生大加赞扬，并且把他介绍给了德国观众。勃拉姆是在罗马发现易卜生的，形容他是个"会激发米开朗基罗的雕塑想象力"的人物。勃拉姆从易卜生的戏剧中看到的是孤独屹立、奋斗的易卜生。他写道："易卜生的每个人物都是经过仔细推敲的，表现得非常丰满；每个人物都有各自的个性特征，即使最微小的细节也都与众不同。"路也完全同意，她说易卜生创造的都是栩栩如生的人，而不是舞台人物。在她

/ 阁楼里的女人：莎乐美论易卜生笔下的女性 /

的维也纳朋友雨果·冯·霍夫曼斯塔赫尔的《易卜生戏剧中的人》论文中，对这个印象谈得更为透彻。霍夫曼斯塔赫尔像路一样，看到易卜生的人物像复杂丰富的现代人那么多变化。勃拉姆、路、霍普曼、霍夫曼斯塔赫尔——在易卜生研究者中——都了解和感觉到了易卜生的创造方式。

二

忏悔、释放、反省，易卜生谈到自己的创作激情就是由此而来的。1874年在对奥斯陆大学生的一次演说中，易卜生说：

……我写的每一件事，都是我在精神上体验过的事。但是没有一位诗人独自体验一切事。他通过全体同胞体验的东西，也随同他一起活着……一方面我写下了在我最好的时光只是目光掠过就感到伟大美丽、并在我内心翻腾的东西……我也写下了从反省来看显然是一个人天性中属于糟粕和沉渣的东西。内心若不存在榜样，至少有时从某种程度来说，无人能够诗意地把它表达。大学生跟诗人的工作是相同的：对自己清楚说明，然后对别人也清楚说明，在他所属的这个年纪，在他所属的这个团体内正在折腾的一时的与永久的问题。

六年后，他给《培尔·金特》德语版译者吕特维格·帕萨杰写了一封同样值得一读的信：

我写的一切东西尽可能密切结合我体验过的事……在每一首新诗或每一部新剧本中，我的目标是针对我自己的精神解放和心灵洁净，因为一个人要分担他所属的那个社会的责任与罪过。因此有一次我在自己的一部书里写下了下面的献词：

生活是跟腐蚀

头脑与心灵的恶魔斗争。

写作是对自己

进行最后审判。

观察社会，对一成不变的价值进行同样毫不留情的描述，组成易卜生戏剧的主要基点。如果说他的作品中没有出现他直接的个人生活，那么诗意的真情肯定是存在的。

命运的突变改变了青年易卜生的人生。易卜生生于1828年，他的生活开始在挪威仅有几千人口的希恩镇，此前一百多年，他的祖先彼得·易卜生在那里成家立业，做生意发了财，却又在1836年破产家道中落，逼迫易卜生一家从镇上迁住到一个农舍。不知是因为这样的环境，还是青年易卜生对于自己的出逃有犯罪感，最后他跟父亲和家庭断绝了关系，甚至相互之间极为反感。除了他十六岁以后回过一次家，以及与妹妹的零星通讯，他再未跟他们有过亲近的接触。他去了外省的南方小镇格里姆斯坦特，在一家药铺当学徒，贫困、孤独、无人理睬。为了给自己不安定的生活找个出路，他拿起画笔画港湾镇的风景，成绩还不错。他与人交往虽不多，但是不像他的画那样清纯。他跟一个比他大十岁的女仆生了一个儿子，十四年之内认认真真尽法律义务抚养这个男孩，但是除此以外没有尽过其他的父亲责任。没有任何自传资料告诉我们他的任何思想斗争，虽然他不可能不知道他交友不慎，事情泄露后群情汹汹。易卜生从自身经验发现，"世俗道德"只是证明大众反对私人生活的双重标准。

孤独的人经常会去做写作这类寂寞的事。年轻的易卜生开始写诗写剧本，这消磨了时间，价值却不高。他暗中还有当医生的想法，并迁到了克里斯蒂亚尼亚（今为奥斯陆），准备到大学注册。所有这些雄心壮志到头来都是一场空。于是他开始给一家激进派周刊写文章，为一家学生刊物写戏剧评论。决定命运的事终于到来，那时他接到卑尔根挪威剧场的邀请，去担任一个舞台经理助理的小职务。在1851—1857年期间，他有机会通过第一手资料研究在丹麦城市和德国欣欣向荣的戏剧。有了这些经验，他准备担任克里斯蒂亚尼亚的新挪威剧场的经理，同时为舞台写作，试图满足观众对国家精神食粮的兴趣：那是取自民间故事和中世纪传说的历史剧。

易卜生作为舞台监督，技术管理操作不错，但是对演员却很少关心。他对待女演员客客气气但很冷淡，从不给予必要的批评，虽然他有时也会彬彬有礼，献点殷勤。然而根据传说，当一个多管闲事的父亲跟他对质时，他却像野兔似地逃跑，让那个女孩单独去面对风暴。后来当他遇到知名作家玛丽·索莱森的继女苏珊娜时，又是一见钟情。那时他不名一文，婚礼不得不拖到了1858年。据来源不同的说法，苏姗娜非常善于操持家务，对于丈夫变化不定的心情，以及有控制但是爆炸式的脾气还是适应和宽容的。他的脾气说起来就像《旧约圣经》中自作主张的先知。她保护他的工作时间，甚至把自己的社交活动减少到最低程度，还不让他被"坏"朋友拉走。总之，她对他忠诚不渝。

奥托·勃拉姆认为，从易卜生对他自己求爱的日子和早期的婚姻生活的观察来看，1862年的《恋爱喜剧》中的人物，已说到他那时的感情，只是稍加化妆了而已。

……易卜生从自身经验观察到，早先观察其他人时，感到有趣和触动他的初恋时梦幻般的喜悦，已经让位给了庄严宣布的义务。每个人都被请来充当证人，好心人和三姑六婆都齐集一堂，七嘴八舌进行审查，闹得满城风雨。那时这个冷嘲热讽的作家从他的身边去寻找；当他比较起点与终点、爱与婚姻时，内心充满痛苦和怀疑。在他看来，爱是诗意的，婚姻是平凡的。在他看来爱是神圣的，婚姻是喜剧性的。爱使人自由，释放内心最隐秘最美好的东西，而婚姻束缚人……

易卜生的婚礼在私下举行了。但是勃拉姆认为易卜生最初当丈夫时很不高兴，这个看法是正确的。我们从易卜生的儿子那里知道，他宁可逃婚，但是没有苏珊娜他又会伤心，她是他的力量的源泉。虽然把自传内容转化或蜕变为虚构剧情，比勃拉姆的描述复杂得多，他明确地指出易卜生放弃从历史上找源泉，开始更为自由地从个人经验和当代事件中汲取素材。

尽管与家庭的关系很密切，易卜生还是需要其他的释放。他写

／ 阁楼里的女人：莎乐美论易卜生笔下的女性 ／

信给埃米丽·巴尔达赫说：

我收到你的信真是千恩万谢，读过了，又在重读。我像往常那样坐在书桌前，想高高兴兴工作，但是做不到。

我的想象力在疯狂工作，但是总是走神，跑到了工作时间不该去的地方。我没法把夏天的回忆记录下来，我也不愿意这样做。我们体验过的事情就一而再、再而三地重现。目前不可能把它们写成诗……（1889年10月15日）

把"体验过的事情""诗意地"表达，这在易卜生的思想中是占主位的。

他问道，把一个时间短暂，但是感情长留的经验匆匆说成是"一件远不可及、深不可测的现实"，是愚蠢还是疯狂，或者两者都是。那一年的夏天是"我一生中最快乐、最美丽的夏天"。在为年轻崇拜者从老年名人那里得到的一张照片背后，他写上："给一个九月人生的五月太阳。"当这段突如其来的罗曼史到来时，他把埃米丽理想成了"一位美丽的夏天尤物，亲爱的公主，我把你看做是蝴蝶与野花季节的产物。我多么愿意看到你在冬天也是如此！……快，像小鸟似的稳匀平衡，穿着天鹅绒和裘皮，仪态万方……在剧场内身子后靠，你的神秘的眼睛里有一种疲倦的目光……"

易卜生已经六十岁了，若对埃米丽有任何追逐的"疯狂的"渴望，不会不破坏他的家庭责任，不会不成为影响广大的个人丑闻，不会不有意识或无意识地对一个年龄只有自己一半的人感到肉体与感情的恐惧,虽然在她那毫无经验的心目中,对易卜生那"火山般的热情"还是接受的。比在维也纳的埃米丽更加近在身边的是另一个在慕尼黑的少女海伦·拉夫,她需要他的陪伴与温情。易卜生死后很久,海伦在易卜生的罗曼史中还是闪闪发光。

然而我必须承认,由于老年人怀念青春的这种需要,他对年轻的女性有时说话过于热情,他的妻子为此很不高兴,因为她认为这类事跟他的尊严是不相称的。出于这个原因,她有时对于这类事抱一种很生硬的态度。

海伦同样推测,"易卜生对女孩子的关系本身不包含一般意义上的忠诚与否,而是仅仅要激发他的想象力。正如他说的,他追求青春,他需要它是为了进行诗意的创作。"如果情况真是这样的话,后来的事情则发生了惊人的变化。当他向埃米丽发出告别信后两个月,据易卜生对一位文学史家朱利厄斯·埃里亚斯说,他遇到了一个了不起的维也纳少女,"一个强悍霸道的小女妖……一头小鸢鸟",她蛊惑丈夫离开他们的妻子。他又说自己清清白白,没让埃米丽在他身上成功实现她的计划,接着又吹嘘"我抓住了她……为了我的剧本",这肯定是不对的。剧本主要指《建筑师》,那个心狠手辣的女青年希尔达·房格尔,她逼得索尔尼斯——易卜生逼真的自我写照——发疯,而他的妻子阿兰·索尔尼斯,有点苏珊娜的特征。另一方面,他可能是以艺术家的身份说话,而不是严格意义上的自传。

从我们搜集到的易卜生"夏季疯病"资料来看,大体上可以得出这样的结论：他要了解埃米丽·巴尔达赫的年轻性格的每一方面，同时利用她作为他的激情的一面镜子。他鼓励她给他提供她生活中的一切个人细节。易卜生说："男人是容易探讨的，但是谁都不能够做到完全了解一个女人。她们是大海，没有人能够探测其深度。"然而他敦促自己去探测在社会环境限制内的女人的神秘，爱与意志的心理学和心的冲动。用海或水作比喻，这对海特维格、吕贝克、艾梨达的塑造来说是至关重要的。从剧本的注释可以看出，他是如何全心全意进行观察，跟他创造的人物一起生活，直到她们最终活跃在舞台上。就像他全神贯注于普通人的经验，他提醒演员"去观察在你周围正在进行的生活，表现每一个真正活着的人"。

关于现代女性的生活与遭遇，他得出了明白与同情的结论：

这里有两种道德法律，两种良心，一种是对男人的，另一种非常不同，是对女人的。他们彼此不理解；但是在实际生活中，女人是由男性法律来评判的，好像她们不是女人，而是男人。

在现代社会中一个女人不可能做她自己。这是一个专为男人设立的社会，用的是男人制订的法律，检察官和法官从男人的立场去评审女人的行为。

……现代社会的一个母亲，像某些昆虫，一旦她完成传宗接代的责任以后就退休和死亡……一切事都由自己单独承受。（取自易卜生《现代悲剧的注释》，1878 年 10 月 19 日）

他这是在概括娜拉若在她的"玩偶之家"待下去的命运，但是他不论在事实上，还是在虚构上，都不提解放是一种解决办法。他知道选择根据各人而异，而结果取决于男人统治社会的反应。在易卜生时代，劳拉·基勒——娜拉的生活原型人物——遭受了毁灭性的结果。然而这出戏的影响却超越这个特殊领域，像一颗炸弹抛向传统的夫权法典，打开全社会讨论女性问题的大门。

在易卜生作为公众人物和名人所起的作用中，勇敢和令人耳目一新的是他的挑战性问题："有没有一个人……他敢于说我们（斯堪的纳维亚图书联合会）的女士们，在文化，或智力，或知识，或艺术天赋上比我们差？"几天后他写道，女人也可能跟男人一样愚蠢。这样不偏不倚的评论清楚地表达了他的观点，女人是人，而不是"玩偶"。

他告诉挪威妇女权益联盟说，他写任何东西"都不是有意识地去做宣传"，他"更多的是诗人，较少的是社会哲学家"，这也与他的身份是完全相符的。妇女权益问题，以及其他人的问题，需要有解决办法，但是他的主要任务是"描述"人类，使社会得到自由应该是政治学的任务。至于"自由"的挪威，他认为里面住着的是不自由的女人和不自由的男人。这个观点包含在《玩偶之家》里，路·莎乐美在阅读这部剧本时，清楚地理解到海尔茂跟娜拉一样受到世俗的束缚。

三

易卜生在全欧洲都有他的吹鼓手。早期在斯堪的纳维亚有勃兰兑斯，在德国有勃拉姆和莎乐美，在英国有萧伯纳。易卜生1891年回到克里斯蒂亚尼亚，红极一时，成为名人，受众人景仰。同一年，路·莎乐美的《论易卜生笔下的女性》、萧伯纳的《易卜生主义的精华》，各自用自己的方法帮助挪威剧作家引起大家的注意。这些评论由于针对的是不大知道易卜生的观众，因而我们或许觉得"叙述剧情"方面做得过于详细。

不过"叙述剧情"也是演绎和展示易卜生的剧本。两人都避免对易卜生的作品本身加以评论，而是紧紧跟随易卜生，看他用才华逐渐披露受社会世俗束缚的男人与女人的生活，以及他们对于要求遵守传统、职责与责任作出的回答。萧伯纳提醒"那些或许认为我忘了把易卜生主义概括为一个公式"的读者，"易卜生主义的精华不是存在于一个公式内的"。路同意这个观点，还说易卜生是根据基本的人际关系而即兴创作的大师。

路在阐述易卜生的六部戏时，写作重心放在妇女利益方面，这已是在她与弗洛伊德建立职业联系，成为他的"亲爱的不知疲劳的朋友"之前二十一年。就像弗洛伊德在心理分析导读作品中指出的，他的理论的有效性取决于每个人对自己生活的个人洞察力。路就是凭借自己的生活经验和感情困境来评定易卜生人物的真实性的。我们看到路的家庭关系、父亲的各种形态、情人们、名义上的丈夫、教士和对社会一致性形式的反抗，这其中的关系盘根错节。她写作不是要"自我治疗"，而是要弄清外界的社会人际关系和心底的细微反应。如果说她的主观性发挥对易卜生的某些人物抱有明显的偏见，这却没有影响到她对易卜生的艺术价值有一种直觉的和理智的赞赏。

一位男性作家能不能写出有价值的女性心理作品，这个问题倒没有放在路的心里，可能是因为从社会与感情方面来说她没有发现易卜生的人物塑造和动机在形成上有什么差错。确实，她看到女人和男人虽然处于不同的约束下，却面对着类似的爱情、个人意志、种族、社会责任、摆脱沉闷的世俗、道德继承和身份混乱等问题，男女都可以从内心去背叛或克服这些力量与内心冲动。

路的《论易卜生笔下的女性》，由她的柏林邻居和朋友乌尔达·加波格翻译成挪威语，在1893年出版，她的丈夫阿尔纳·加波格作序，但从那时以后，必须读遍文学史才会提起和讨论这部书。皮尼翁从一个处于防御地位的亲尼采立场上，把路看成是一个误入歧途"恣意妄为"的弟子的特例。

虽然路评论易卜生的这部著作，当时莫名其妙地走红一时[1]，但是书里大谈理想，为理想或为得到理想而牺牲，在我们这个时代听起来显得很虚假[2]。除了写得夸夸其谈以外，还有过多的隐喻，摘要内容也太繁琐。她还认为看起来最自发的行为也有其复杂的前史。最后她议论的既不是易卜生的剧本，也不是他的人物塑造，而是他的人物本身，仿佛他们都是真实的人，这是她的原罪。

如果说认为易卜生的"人物本身，仿佛他们都是真实的人"的

① 易卜生本人在1891年11月5日致读者信中，向此书作者客气致意，开头是"亲爱的先生"。
② 四十年后梅耶·本弗莱称这部书无疑是"最精彩的易卜生评论集"。

这种看法是一种原罪（根据皮尼翁）的话，路倒是不乏知己。

数不清的戏剧观众，以勃拉姆为首的导演，以及一大批戏剧评论家，从萧伯纳到埃里克·本特莱，对待易卜生的舞台人物，都像对待生活中的真实人物。易卜生内心琢磨人物的举手投足，只有钻入他们的内心，"渗透到他们的灵魂的最后折皱"才会让他们作为一个一个人出现，确定他们人性的各个方面，然后再呈现他们的外观、行走姿势、声音和举止，"连最后一颗纽扣也不漏过"。易卜生努力使他的人物成为可信的、有血有肉的真人。评价易卜生的成功，有赖于观众对易卜生的这种努力作出回应。

路通过描写，把六部以女性为主题的剧本复述一遍，使剧本得到一种印象阐述。这种技巧，即使其目的是可以理解的，但是有可能使行文拖沓，暗喻过多。路的文笔毫无疑问包含过分的修辞，用词浓妆艳抹，有意去打动读者。它集中火力围绕一点转个不停，直至得出一个尖刻的结论。路在对易卜生戏剧的评论中大量使用隐喻，看起来极为放纵，然而我们必须认识到，她只是在易卜生的隐喻基础上进行变异而已，隐喻与形象对人的感情和心理行为的影响都是相等的。在路的文章中，我们见到的是直观的想法，这是在慢慢展开和模仿她的默想与刺探的轨迹。她的语言是感性的，也是哲学的，并不带有她后来在弗洛伊德学派养成的临床学和分析学使用的词汇，也不带有现代评论的观点，认为什么评论文章写得愈难懂，价值也愈高。

路根据她个人的爱好，与众不同地认为：易卜生的戏剧包含强烈的诗的纤维，给剧本带来主题的一致性和有机性。视觉描写补充了剧情的象征性情节，舞台道具变成联系过去与现在的完整锁链，个别人物台词中的自然景物与季节联结了个人的过去或"前史"与现在或今世报应显圣的时刻。明喻与暗喻用于表达心理困境，转弯抹角是对内心感情的暗示，成语成为意识和非意识的保护性语言。路以这样的方式接近易卜生的剧本，这超越她的时代，不幸的是，她的阐述没有引起世人的注意。

路的评论在这一点上特别有价值，它代表了第一位女作家的观点，告诉我们易卜生在他的主观意识中是否接近于女性心理的各方面，而不只是我们这个时代的女性评论家、戏剧导演对易卜生的人物的评论。当然这里没有一致的答案，意见甚至尖锐地对立，但是总的来说，她对形形色色的女性心理特征的看法，如母亲形象、女儿角色、姐妹关系，未婚妻或情妇，妻子和侵权者，有其坚实的基础，这点好像是有共识的。

正如易卜生的经历与思考形成他的剧本，路对剧本的反应也受自己的经历与思考的影响。路与易卜生的传记中令人注目的一点，是他们的个性以及对世俗的回应在许多方面是一致的。路在对易卜生女性人物的写作中没有批评性的隐语；相反，她理解她们以及她们的处境，在这样的情境内，她们的行动也是绝对自然的。所以她的阐释的与众不同之处在于看出琐事细节——这组成易卜生剧本的实际一致性。

四

女人受到自己的性格、家庭和社会的制约，这个思想对于理解易卜生的隐喻与比喻是至关重要的。路选择曾经自由的野鸭作为一个主要的比喻，用一个循环的"寓言"来介绍自己对易卜生女性人物的评论。鸭子然后变成了娜拉的象征，她的自我实现使她能够飞离丈夫与孩子。阿尔文太太像一只无助的鸭子，在笼子里百无聊赖地度日子。海特维格折断翅膀死在阁楼里。吕贝克侵入阁楼世界，在其他野生动物中制造破坏。艾黎达受过良好的教育，她自我安排与自作决定的权利得到了承认。海达则是个毫无生活目的、怯懦和具有破坏力的人物，不能发挥她生来自由的天性。

路的"寓言"堆砌过于精巧，把隐喻扩展到了幻想（虽然它保持了易卜生诗歌剧本中鸟与牢笼的形象），所以读者若首先细读她的评论，会获益更多。在路的这部译本中，把寓言放到了后记的位置上。

路在每部剧本的评论中，开头选择几句引言，通过两个主要人物的语言极为简略地概括了戏剧中的主要冲突。在《玩偶之家》中她选择了娜拉的充满希望的字句："不管怎样，等待奇迹发生总是令人兴奋的事。"这个奇迹就是要她的丈夫欣赏和理解她的牺牲，支持她，最后在家庭中给予她平等的地位。

从主观上来说，婚姻的内涵是路关心的，她记下了易卜生在两次婚姻中暗示的、嘲讽的人物颠倒：海尔茂和娜拉，柯洛克斯泰和林丹太太。当然路对剧本开始前的历史颇感兴趣，如娜拉从一个崇拜父亲的新娘，变成一个默默承担家庭经济，开始觉得自己有"男人力量"的妇女。当这一切发生时，她能够打破父亲如神似的形象的束缚。人必须避免社会潜在的审查，娜拉像路一样奋起反抗奴颜婢膝的人生态度。娜拉不像海尔茂，不会在乎这样的话："人家会怎么说？"她勇敢地面对自我教育的任务。娜拉不是变成新女性的原型人物，而是新人类的楷模。因而在这部戏的演出过程中，许多人将注意力放在娜拉身上，以致很少几位评论家记得路最初对海尔茂的可悲处境说了些什么。他也是一只笼中鸟，看不到他的欢乐的对象已经长出了"翅膀"，"能够驮了他飞出狭窄的玩偶之家"，他同样也需要得到解放。

路描述了这样一个娜拉，她不完全是出于不信任和失望而离开家的，而是因为对生活不再抱有幻想，娜拉的丈夫不把她作为婚姻伴侣那么尊重，也就不再是一位神或者父辈人物，而是因循守旧、毫无主见的男人。

路对《群鬼》的阐述所用的句子就像易卜生的剧本写作一样自然明白，易卜生在这部戏里终于掌握了比实际生活中所用的"难得多的散文艺术"。但是她不像易卜生那样满脸严肃地拒绝说出阿尔文太太是否遵守誓言，把衰弱的儿子要的吗啡粉给了他，她也不像一些评论家那样明确地说她没有给。路确实肯定母亲把解脱的毒药给了儿子，但是她是通过一个象征性姿态给的：她不得不亲手摧毁自己曾建立在一个虚假基础上的东西，就像她不得不否认和撤回自己不由自主选错又保卫的东西。路不把这个姿态看做是舞台怜悯杀人辩论的一部分。怜悯杀人像乱伦和性病这类的论题一样，触犯了她的许多同时代人，但是她把这个看做是阿尔文太太新人格的集中表现。

路在阿尔文太太身上看到一种伟大的忍受力和"女人最高尚

的天性：把个人的痛苦与经验都沉积在心里，不声不响去理解与领会"。对于路来说，当海伦·阿尔文领会到她的经验的模式时，剧本达到了高潮："现在我看到发生了什么……现在我可以说出口来了。然而，理想是不会崩溃的。"这时候她决定使欧士华从犯罪感自责中解放出来，说出关于他父亲的真相，戳穿她自己处心积虑制造的假象。现在她客观上明白了为什么她作为一个新娘令阿尔文和自己感到失落。

海伦的生活则是不断地变换形态：最初对婚姻毫无准备；作为新娘幻想破灭；嫁给了一个老于此道的好色之徒，成了婚姻的受害者；她千方百计适应他的各种花样，要把他留在家里；坚持她的意愿，接过沉重的家庭责任，最后在幸存的儿子身上寄托她破碎的幸福梦。但是路的想象也被易卜生巧妙的隐喻与形象促动，所以她也提出了一个无人做过的比较：海伦"不能用娜拉的话谴责自己的婚姻，说婚姻像个不绽放的花蕾，紧紧地裹住她。海伦的花蕾是强暴地、无情地怒放的，不是依靠天然的阳光，而是通过一种令人反感、软绵绵的讨厌力量，像一条咀嚼的蛆虫，咬得花瓣张开，然后片片凋谢"。路的强烈的关注不但反映了易卜生的隐喻暗示，也反映了她个人对女性心理及其恐惧与幻想的合拍。男性蛆虫包含的社会和心理因素强有力地促使我们进入海伦的思想。顺着同样的思路，自然界的凋谢与人性的堕落，这些形象也不是路的创造，在易卜生剧本的描述中早已存在。

欧士华画中的太阳与阳光，阿尔文屋顶上笼罩不散的浓雾，也是非常成功的暗示，就像火产生烟灰，洒落在阿尔文太太的生活中一样。曼德牧师指出她的儿子欧士华和他的父亲多么相像，评论家说道过去的群鬼通过欧士华又回来了，但是路相信阿尔文太太过去跟故世丈夫的悲惨关系通过儿子已有所改变，让她原谅过去许多事情，给她勇气向欧士华尽情倾诉。这部剧本主题不是揭露布尔乔亚家庭生活和世俗的空虚无聊，那是大多数评论家的普遍看法，而在路看来，这部剧本是写一个女人加强了信心与意愿，去揭露她直至那时采用虚伪的理想而容忍的腐朽没落。海仑决定说出那个真情，目的是拯救她的儿子和让自己的良心得到安宁。这就像海仑飞翔到从她的窗前可以看到的雪山顶上一样。

剧终时，太阳的出现远远不只是一个圆满的创意。具有讽刺意味的是太阳，不论从事实上和在想象中，从未使她的性生活热起来，这代表她的儿子在徒然寻找的生活欢乐。虽然阿尔文太太留在"阴影深处"，路依然看到她的生活是朝着太阳变化的。

阿尔文太太是被易卜生特意选中作为娜拉的后继者的，娜拉放弃了玩偶之家和不可和解的婚姻，海仑在这个位子上留了下来，甘心忍受——不论有责任地还是无责任地——悲剧的后果。

易卜生把《野鸭》写成一出悲喜剧，希望观众与读者通过这双重透视可以理解剧本中的人物。路虽然好像不甚关心技术处理，但还是看出小海特维格"因雅尔马的爱而死亡"是剧本的芒刺或主要威胁。路说，危险窥视着海特维格，因为她对父亲的爱与崇拜，使雅尔马不敢羞辱她的期望。海特维格把"那些空虚的句子和夸大的修辞"真的当做一回事，在这样虚伪的环境中她做了一些实在的事。海特维格对着自己开了枪，就像她起先说的，她会永远留下来帮助

/ 阁楼里的女人：莎乐美论易卜生笔下的女性 /

父母亲。雅尔马曾经冷嘲热讽地暗示，海特维格不如选择威利的财富，不必留下来跟他过穷日子，海特维格的枪击是对他的一个回答：她宁可留下来。她同时也愉快地回答了格瑞格斯要她作出"牺牲"的挑战。路的这种理解是有道理的、令人满意的，因为按照剧本的发展，海特维格的开枪有不同的动机，而不是单一的由于对那些大人的"夸大理解"，使得海特维格作出自我牺牲。

海特维格对父亲日益增强的信任与依恋，以及她对他诚挚的爱，使得路认为她是娜拉与阿尔文太太、后来的艾梨达"海上夫人"和海达·高布乐这两对人之间的过渡性人物。前两人错误地夸耀她们的爱人，又必须争取自由，而后两人把她们的爱情理想化，然后牺牲了她们自己。路把海特维格称为"诗的缩影"，她在剧本中的出现也同样带有诗的感觉。但是在另一方面，她也没忘了提到沼泽地气味的象征意义与现实意义。这是格瑞格斯笨手笨脚点燃火炉时造成的，弄污了艾克达尔家的气氛；她也没有抵制那个歪曲但明确的说法。雅尔马永远不会习惯高品位的生活，现在也不会穿上贵族的长袍，他还是穿皱巴巴的室内服感觉更加自在。

路集中精力研究易卜生剧本中的女性形象，决不让她自己对易卜生生平的熟悉干扰她对剧本的阐述。易卜生很关心一部剧本应该有什么样的演员、演出和灯光。他强调"无论演员表演，还是舞台演出，剧本在各方面都要求自然真实，灯光也有其特殊的意义……"路对一切都十分注意，从舞台灯光方向到动作描写。路明白细微的、不由自主的动作都会透露内心深处的心理意识，必须在读者面前凸显出来，这项工作从本质上类似弗洛伊德展示的"日常生活的心理病理学"。

路对于易卜生《罗斯莫庄》的那篇评论，有点松散凌乱，因为她需要慢慢地解开密织在这部紧凑的剧本中的千头万绪。1886年重访挪威后，易卜生对这个国家的政治形势和社会变化有过很多思考。他想，变化的产生不是出于无形的力量，而是出于"心灵与意志的高贵"。心灵与意志组成了人的性格与目的，带来一种解放的影响。他更进一步要求《罗斯莫庄》去讨论"一切思想严肃的人都必须进行的自我斗争，为了让自己的生活与信念取得和谐"。在人与人的相互关系中，个人的精神功能、道德觉悟或良心都以不同的速度发展着，是内心冲突与外界时势引起的结果。易卜生说，这类的抽象化是重要的。他接着说，"只有等到我对自己的经历有一个清晰的认识，得出自己的结论，我才能把自己的想法转化为一件虚构作品"。路在《罗斯莫庄》评论中，对易卜生所谓舞台上每个"活生生的真实人物"的复杂肌体进行了解剖。这看起来也好像是路作为一名扮演者，听到和遵从易卜生对女演员的要求，把"自己对真实生活的个人观察"带到她们的角色中去一样。

路在罗斯莫和吕贝克两个相对立的价值颠倒中看到了剧本的脊梁，所以他们的命运悲剧性地凑在一起了："我们俩现在是一个人了。"当罗斯莫和吕贝克改变他们最初的生活哲学时，他们得不到满意的替代物，他们遭受了自我的丧失。带来高贵的东西可能也会嘲弄地带来毁灭。一个人对另一个人的思想影响，可能像感染，引起的是衰弱，而不是疗效。

奥托·兰克1912年在他的论文《诗与神话中的乱伦主题》中，

/ 阁楼里的女人：莎乐美论易卜生笔下的女性 /

提到了文学与传说中的俄狄甫斯情结处理。他指出在知情的父亲维斯特医生与不知情的吕贝克之间的乱伦关系，在易卜生笔下讳莫如深，只是出现在剧本前史没表述的类似生活的事实中。兰克作出这样的观察，在易卜生的《罗斯莫庄》中，"强大的内心抗争阻止了无意识动因的明确表露"。

弗洛伊德把兰克的简单观察发挥成了一个意义更深刻的阐述：吕贝克的无意识乱伦犯罪感强调她有意识地舍弃幸福。他有理由对待易卜生的吕贝克·维斯特，就像她是一个最有批评精神的智慧的真人指导。此外，弗洛伊德还认为文学与临床实验是完全一致的。他像兰克一样建议乱伦情境在观众或读者的眼前必须是隐而不露的，不然会遇到剧烈的抵制，这会危害到剧本的效果。在《几个人物类型》（1916）一书中，弗洛伊德提出以下几点看法：

> 吕贝克的行为之谜只能有一种解答。维斯特大夫是她的父亲，这条消息是最沉重的打击，可以把她压倒，因为她不但是他的继女，还做了他的情妇……她心中除了这个恋爱事件以外已容不下其他东西。她准备最终舍弃罗斯莫，理由就是她在过去做过不配当他妻子的事……这件往事在她看来是对于他们结合的最严重的障碍……（与驱使碧爱特自杀的罪责相比较）还是个更严重的罪行。

弗洛伊德写这篇评论时，路已经变成他的一个虔诚的弟子，但是从他们的通信中看不出他对她在二十五年前写的《罗斯莫庄》一文有所知晓，也没有任何迹象表明路对弗洛伊德一文的想法。吕贝克拒绝罗斯莫的求婚，路把这件事归之于碧爱特"鬼"的影响，碧爱特的报复。同时，吕贝克本人也处于虚弱与精神错乱的时期。这是受了下列两方面的"感染"：罗斯莫的受折磨的想象力叫人不胜其烦；他虽然依赖她，但是的确对她失去了信心。

路看出吕贝克不是一个会内疚的人，但是由于受碧爱特"鬼"的惊吓还是屈服了。在青年时代，她是自由、狂野的生物，像大地和海洋这些不受束缚的自然环境。但是，罗斯莫庄的暖室气氛改变和压制了她的个性，肌肤滑溜的肉食兽变成了毫无生气的家禽。她跟维斯特大夫的关系看来没有在她的心理上留下伤疤，她还以女儿的名义毫不拘束地给他送终。

弗洛伊德强调说吕贝克有"一种负罪感，使她远离欢乐"，也不让她接受罗斯莫的求婚。弗洛伊德还提出这一点：她明白说出的动因和"忏悔"之中，隐藏了乱伦内疚的深层原因。而路则看到吕贝克经历中的主轴，在她的表面是理想主义，实际却是宿命颠倒的价值观。

弗洛伊德在 1917 年 10 月 28 日的一封信中，回应了乔治·格罗代克（外号心理分析野人），对他的观点提出了友好挑战：

亲爱的、尊敬的同行：

你对《罗斯莫庄》的有趣的观察和分析，促使我又把这部剧本阅读了一次，并跟我独立的助手汉斯·萨克斯博士展开了讨论。我们两人对你的观点都不敢苟同，在我们看来一切都与吕贝克的忏悔是虚假的想法相违背，萨克斯相信不然这部剧本的命脉就中断了……罗斯莫

　　　／ 阁楼里的女人：莎乐美论易卜生笔下的女性 ／

没有把妻子的自杀置于脑后。他的庸碌无能肯定是有迹可寻的，但是易卜生没有联系到这点，或者没有把这作为剧本的支撑点。

一个月后，格罗代克回答说：

我很奇怪你提出的解释；说什么吕贝克偷听了罗斯莫与克罗尔之间的谈话，克罗尔让她明白他知道那封匿名信是谁写的。易卜生在技巧上细致周到，决不会让什么事平白无故地发生。我发现每次阅读易卜生的作品后总是遇到美学与心理分析的新问题。过去几年中，我得到的印象是易卜生作弄世人到了令人咋舌的程度。娜拉尤其是一个最合适的例子。这个所谓妇女权益的提倡者假话连篇，跟在会场里常听到的谎言毫无两样。她跟丈夫有过几次面对面的交谈，那时他显然已经喝醉了酒，这类谈话只有在其他场合才是有道理的。这时观众遭到强烈的嘲弄，完全跌入了陷阱。

《建筑师》、《野鸭》，尤其是《罗斯莫庄》也大致相同。剧本的精髓，以我之见，没有受到影响，但是我提供一个新的看法，悲哀变成了讽刺性的悲哀。一旦看出易卜生作品中方法与结果的不协调，就注意到易卜生写的不是中产阶级家庭戏剧而是喜剧。总的来说我相信他是完全可能明白这一点的，懂得讽刺者要笑得不出声音。一个像吕贝克那么出色的女性在罗斯莫庄的家庭环境中，被一个神气活现的"高贵"人物弄得身心交瘁，这是悲剧性的讽刺。

格罗代克就表达了某些观众愤怒的感觉：心地高尚的吕贝克竟

然受了罗斯莫这么猥琐的小人的愚弄。他也看出现代评论家此后在剧本中发现的强烈的讽刺因素。

毫无疑问，路接受了心理分析的观点，认为吕贝克重新玩起了她童年时代的俄狄甫斯戏剧，企图排挤她的对手——母亲般的人物碧爱特（也可说是她的亲母），嫁给罗斯莫（父亲般人物，代替维斯特大夫）。她在1916年可能不会同意吕贝克会犯下驱使碧爱特自杀的"明明白白"的罪恶，只是为了掩盖"不明不白的"或者重大的乱伦罪。在没有进入弗洛伊德的心理分析圈子以前，她的阐述也没有任何其他专门的形式。路把重点放在罗斯莫庄的疑神疑鬼的迷信氛围中，以女管家的形象出现，她表示她害怕死人赖在起居室里不走，后来也由吕贝克在言词中强烈地表现出来。路没有读过萧伯纳的文章，但是她像萧伯纳那样认为吕贝克的宿命"转变"这个主题加速了她的自我牺牲；为了得到精神安慰，她跟罗斯莫举行具有双重意义的自杀——婚礼，如路所理解的，心理上的转折点是奇怪的和昏头昏脑的感觉，搅得吕贝克心乱："即便那么慢，也总是来了"——这是向罗斯莫的弱点与"道德"投降，对他"内心的高贵"表示钦佩。

易卜生《海上夫人》是一部光辉的作品，其主题与人物搅乱了路的感情与思想。女主角艾梨达使路回想起自己充满梦想的生活，还有想象生活的危险性——这是她的青少年时代的特点。如果说严肃文学引出解答，鼓励读者和观众的认同，路的主观参与就产生了这类关系。艾梨达和她的丈夫房格尔医生在生活中朝着一个"真正的"婚姻方向发展和成熟，她对他们的观察中可能掺杂了嫉妒和欣赏。房格尔医生不顾纷扰，抱着同情的态度给妻子艾梨达自由，路觉得自己的丈夫安德烈亚斯对她纠缠不清，不断提出要求，因而不会心甘情愿地给她自由。路感到极度抑郁，差一点跟着安德烈亚斯双双自杀，这岂不正是吕贝克与罗斯莫情境的一首令人毛骨悚然的变奏曲？

最后她勉强得到自由，在安德烈亚斯的阁楼世界以外追求自己的生活，沉浸在自己的体验中，但这些体验他是连听也不要听的。路确实把对易卜生的评论献给了安德烈亚斯（"我的男人"），但是出于著作方面的原因，她出版的书籍上用的是娘家的姓。在她与弗洛伊德的通信中，她还是遵守俗礼，签名是"路·安德烈亚斯"，而弗洛伊德称她为"路太太"。

所以，路急急忙忙说"娜拉希望得到解放，不是为了自由，而是为了发现自己充分的潜质……像一个完全自觉的人"，个人的动机是非常显然的。出于同样的原因，艾梨达认为自由、志愿承担责任和彼此促进成长这三者汇合的婚姻是可能的，路把艾梨达的这个发现理想化了。艾梨达和一名外国水手山盟海誓，他出海后却消失了，使她日思夜想，他回来了，像个陌生人，却要得到她，虽然那时她已嫁给房格尔，也跟着他似乎像个陌生人那样生活着。路循着《海上夫人》的情节发展，注意力集中在愈来愈大的悬念和紧张上，当时处于冲突中的妻子艾梨达，渐渐有了新的看法，这都表示在一句叠句的变调中："房格尔，救救我吧！"……"救救我，离开这个人！"（陌生人）……"哦，房格尔！救救我离开我自己吧！"这不是单纯的反复用词，最后的呼救是一定条件下的"自知之明"，这引导她走向平衡的和解——快乐的结局，却不是甜蜜的。需要"救救我离开我自己吧"，这包含了路不能在镜子里面对自己的暗示。

萧伯纳持有这样的意见："《海上夫人》的主题最富有诗意与幻想。"这个看法早在路的阐述中便提了出来。她在文章里放肆地，也重复地，把修辞与诗意的散文混淆不分。她还热情洋溢地写道："易卜生多么彻底地、内向地提出了这个心理问题。"传记作家、评论家哈尔弗丹·科特发现，艾梨达这个名字来自《弗里蒂奥夫勇士传奇》中的一艘船名，传奇中这艘船在跟强大的海洋巨人搏斗时被赋予了人的性格。民间传说中这些超自然生物千方百计要把艾梨达拖入海底。在易卜生剧本写作前的长篇阐述中，我们看到艾梨达有许多这类奇怪的联想和打算，以及迷惑和幻想的对象。

海洋的磁力，对海的期望，人对海的血缘关系，受海的束缚，对海的依赖，同一种类的鱼是进化链中不可或缺的一环。人的脑海中还存在这些残余思想吗？……

海的丰富生活的形象与"从此消失的东西"的形象。

……

海对人的脾性的影响力，海像意志一样起作用。海能够催眠。人的意志依赖于这个无意志的东西，这是一大神秘。她来自大海……偷偷地跟那个年轻的无忧无虑的船员订约……在心里，从本能来说——他是那个她与之共过夫妻生活的人了……

虽然路不知道易卜生的这些笔记，她在《海上夫人》的阐述中却有把握地指出易卜生如何巧妙、具体地表现了剧中人物的思想感情，路又如何巧妙地对艾梨达的内心生活和成长给予"心理学"的归纳。通过路的论文，我们感到在剧本中认识有生活有阅历的女人要优先于得出说教式的结论。尤其明显的是路对艾梨达的思想方式用形象来表述，现状看来如同梦境，渐渐化解，因而只有现实改变了她对陌生人的内心形象时，生活才会在她眼里定焦。

但是还是留下了一个续篇，这部书出版后，路又对易卜生的下一出戏《建筑师》写了一篇长文章，包含在挪威语译本中。① 在这篇文章中她说：

希尔达·房格尔是"海上夫人"的小继女，"海上夫人"在《建筑师》一剧中不像希尔达那样受到关注。遗憾的是通过剧本对事情的现有看法，我们必然推测到艾梨达没有像此前所预测的那样完成了"一桩真正的婚姻"。后来，她反而不顾一切跟一个"陌生男人"走了。不管怎样，她没有解决悬而未决的问题，没有创造一个"真正的家"，因为对艾梨达又崇拜又依赖的希尔达说她的家像"一只笼子"。因此，虽然她认为父亲"那么亲切"，但是她不愿意回家，"林子里的鸟决不会飞进笼子的"。她类似易卜生的主要女性人物，

---

① 《建筑师》一剧中，易卜生悲观的自传式的语调使路感到被人背叛，哀叹易卜生失去了争取个人理想主义的信心。1893 年写的一篇舞台评论中，路认为问题不是在于希尔达，而是在于索尔尼斯的压倒一切的统治意志，一种"以损害他人为代价"的自我决心。路对易卜生无意识的自我画像的特征的掌握得到了埃米丽·巴尔达赫的证实，那是在 1927 年，易卜生逝世二十一年后，她日记中透露一段往事，在跟剧作家的一次不欢而散的见面后写的："他要占有我。这是他的绝对意志。他试图排除一切障碍。"

是一只"林子里的鸟",虽然跟她们还有相当区别。

评论家对于易卜生的"象征主义"非常倾慕,但是很少有人把象征主义像路那样进行普遍观察,而又放在一个明白集中的前景下:"在易卜生的全部作品中,象征主义扮演了一个角色,但是它大致只用一个真正天才创新的手法围绕一个外界事件而引发内心活动,集中反映在一个图像中,而不涉及其他。在《群鬼》和《海上夫人》中这类例子的使用尤其突出。"《海达·高布乐》亦复如此。

路观察到芝麻绿豆小事日积月累也会酿成大事。路非常关注大幕拉开前海达是什么样的一个人,她的社会愿望,性的兴奋与压抑,遵守社会世俗,跟献殷勤的人调情,遭到潜在的求爱者的抛弃。他们认为她会是一个讨厌、任性、挥霍的妻子。所有这些情况与经历在路看来对于确定海达的性格特征都是有意义的,这些特征决定她与其他人的关系。

易卜生没有让海达"议论自己",这是真的。否则则显得装腔作势。海达是她的动作、姿态和对话的总和,对话在整出戏中零零星星出现,这是在暴露她内心的时刻。路看出海达的性格特点,是在她无精打采的姿势和玩弄父亲手枪的时候:"我站在这里懒洋洋,对着蓝天放枪。"

显然在整出戏中,手枪具有宿命的意味。路的看法精辟之处是她认为海达缺乏内心的真诚与力量,使她达不到她为自己设置的所有不切实际的目标。只有她自己设置一个尽可能有价值的目标时,她才会成功,"放上一枪,然后一无所有"。海达生活的空虚连她自己也看出来了，因为她老是重复那句丧气话："有时候看起来我在这个世界上只有做一件事是有天分的……那就是使自己烦得要死。"正如路说的，"海达为自己而死，就像她以前为自己而活"。

路有意识地使用她本家的姓或夫家的姓，看哪个更适合自己。易卜生使用海达·高布乐而不用海达·泰斯曼这名字，令路觉得奇怪。不论乐务博格，那个所谓海达年轻时的情人和伴侣，还是勃拉克，那个所谓的入侵者，都希望利用过去的交往，坚持称她为海达·高布乐来取消或"破坏"她的婚姻。易卜生在一封信里谈到这一点：

> 剧名叫《海达·高布乐》。我取这个名字的意图是指出海达作为一个人，宁可被看作是她父亲的女儿，而不是她丈夫的妻子。
>
> 在这部剧本中去处理所谓的问题，实在不是我的愿望。我主要要做的是描述今日某些社会条件和原则基础上人的实质，人的感情和人的命运。（1890年12月4日寄往慕尼黑莫里兹·波罗佑尔镇的一封信）

按道理来说，路对易卜生某些女性人物所作的带有个性的验证，可以说是站得住脚的。但是传记作家、评论家皮尼翁，比如说，就不是小心翼翼，而是贸然地得出结论："易卜生注释说：海达心中的恶魔是她要影响另一个人，但是这件事一旦做成了她就轻视他……想来易卜生从他的朋友，著名的丹麦评论家乔治·勃兰兑斯那里听到路对此的反应，但是没有直接提到她的名字……"易卜生在 1890 年年底剧本出版时，"也设法让海达具有路的大致体貌和年龄（二十九岁）"，可以回过头来说，易卜生的海达在剧本中被形容为有"贵族和雅致的面孔与体型"。路对娜拉、海特维格、艾梨达表示同情，对吕贝克表示"温柔"，然而对这位将军的女儿、教授的妻子海达·高布乐则没有好气。对待海达的这种强烈的敌意，被认为是为了把路与像路一般的魔鬼妻子分开，后者竟会把丈夫参与的一部学术著作摧毁……而路则自己创作了一部作品（她的《论易卜生笔下的女性》），在这方面得到了她的丈夫（安德烈亚斯）的帮助。

事实、巧合与无法证实的猜测纠缠在一起，混淆不清，这就使人无所适从。在皮尼翁的强烈批评中，路不可能赢。她要么跟易卜生的女性人物混同，要么跟她们脱离。路肯定不会像大家要求的那样去分析促使她阐述易卜生人物的个人感情与动机，但是她暗中是以易卜生女性人物的经验去跟她个人与社会冲突的现实联系起来的。

路不喜欢海达，不是她可能希望证明自己不是个"魔鬼妻子"，而是罗列她对海达的轻视：海达终日害怕引起社会注目和受到流言幽灵的"连累"；海达要做一个有主见和创造性的女人而没有做成；她的破坏性的冲动是对创造性的嘲笑；她的虚伪表现在对禁果吹毛求疵，使任何性感的满足半途而弃；她懒惰与缺乏胆量，说明她内心空虚；她像有偷窥癖，眯着眼睛看生活，而不投入生活。路只欣赏海达的一句话。当这个没有良心的勃拉克推事笨拙地告诉海达说，他知道使乐务博格死于非命的那支手枪是属于海达的，她害怕事情暴露，但是他和蔼地要她放心，不会引起丑闻。"不会的，海达·高布乐……只要我不说就是了。"海达这时对着观众大声说："不会有自由了。这就不会有自由了！……不……一想到我就不能忍受！永远不！"对路来说，这是"海达最可爱的话……虽然她的全部自由什么也不值"。

路也领会到易卜生对舞台场面细心的综合调度，窗外的景色，这让自然与季节通过光线变化产生影响和渗透情绪——在易卜生的戏剧中自然与人是平行的。路心中带有这种思想去解释易卜生的有机性效果："海达不是未成熟的，而是像一切都在早枯的秋天。"海达的内心跟易卜生为剧本设计的深秋情调的布景与氛围相一致。现代版的《海达·高布乐》，在舞台布置上都继续重视路当年强调的心理与物质因素。

为易卜生演出的杰出女演员是很多的，伊莱亚诺尔·杜斯、里奥·乌尔曼、克莱尔·勃洛姆、琪妮·苏兹曼，但是为易卜生剧本写评论的女作家，那些年代除了路·莎乐美以外没有别人，到了近代才有夏娃·勒·加里艾纳、玛丽·麦卡锡、伊丽莎白·哈达维克等其他人。

从智慧上说，路·莎乐美是她们杰出的先驱，她的论文的再版，让大家注意到她的历史地位。关于妇女对自身的看法，易卜生戏剧引起妇女们的反思，虽然与她们的易卜生评论中间相隔了几十年，但路与她的后继者在评论上还是有相似点的。这件事本身告诉我们，路的见解精辟，易卜生的影响力持久，这些都是确凿无疑的。

西格弗莱德·曼德尔（Siegfried Mandel）

第一章

娜拉

《玩偶之家》

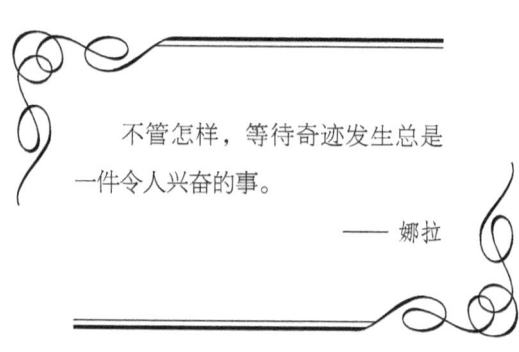

不管怎样，等待奇迹发生总是一件令人兴奋的事。

—— 娜拉

圣诞夜前不久，新晋升的银行经理托瓦尔德·海尔茂家温暖舒适的起居室里，已经放上了圣诞树。树枝上点缀得色彩缤纷，深深浅浅的绿叶几乎埋没在闪烁的光芒中。金纸彩烛鲜艳夺目，透着孩子气，树怀着期望竖立在黄昏的微笑中，这一切不是为了寂寞沉思而创造的。

　　树上的装饰琳琅满目，人们等待着夜色降临。在这富丽堂皇的氛围里，一道神秘的光愈来愈亮，抢在日暮以前，准备燃起令人目眩神迷的大火，让一切都笼罩在圣诞夜大放光明的神迹之中。

　　娜拉的内心生活也可以依据眼前圣诞夜的气氛和色调去琢磨。她第一次出场时，拿着假口采购的大包小包，私下准备的节日礼物掩饰了内心深处的冲突。她带着坦诚的孩子气，盼望着日落后出现奇迹。

　　圣诞节是孩子们的节日，娜拉也是个孩子。她的孩子气创造了她的妩媚、她的危险、她的命运。她是独生女儿，父亲是个鳏夫，他不严肃抚养她，却随随便便惯养她，娜拉年龄见长，别的却没长。她从一个无忧无虑的女孩转变成了一个有夫之妇，对她来说，只是从一个小的"玩偶之家"迁入一个大的"玩偶之家"。主要的区别是她不用再按照习惯跟无生命的蜡制玩偶为伴了，她要接受三个有生命的宝贝玩偶。

她把惯常对游戏与父亲的爱，带到了她与海尔茂的婚姻中。这是从热烈诚挚的父女关系中发展成的爱，她像个孩子一般睁着眼睛崇拜他。娜拉告诉家庭常客阮克医生说："我住在家里时很自然地爱父亲胜过一切，你就可以想象，跟托瓦尔德一起也就像是跟父亲在一起。"

这种孩子气的无辜和对生活的无经验，使她毫无疑问地认为丈夫体现的一切都是善良高贵的，就像孩子眼中的父亲所做的一切。因而，求爱与婚姻在她看来是一笔意外的重礼，一个人必须满怀感激、毫无异议地接受。这也是一个神秘珍贵的礼物，一个人只可以蒙着眼睛规规矩矩地向它走去。她诚惶诚恐，几乎没能抓住这个沉重的礼物、这份爱的贡献。丈夫与她相比高高在上，不但俯身献给她父亲般的关怀，维持日常的生活，还出于自愿地选择，抬举她做他的妻子，做一个跟他一起生活的人。这在她看来像是一个无法理解的奇迹，她就像个孩子一般深信不疑。带着这个奇迹的感觉，在她心中第一次唤醒了一个新的独特的世界和一种发展——尊与卑的世界；全心全意把自己献给丈夫，再加上初期的冲动，去寻找自己的身份与价值。她潜伏的力量初次被激活了，她本能地试图探索自己的内心，为了能够给自己一个温情的礼物。一桩真正的婚姻促成种种梦想，驱散了她的睡意。

娜拉对自己心灵深处的状态，暂时还没有感觉出来，在很大程度上还是捉摸不定的，她的心中有一颗柔软、看不见但是会发芽的种子。她无忧无虑的天性犹如鬈曲蔓延的杂草野花，把这颗种子掩

　　　／ 阁楼里的女人：莎乐美论易卜生笔下的女性 ／

盖了，因此她继续留在她的游戏与虚假的小天地里。远处高高在上的是充满奇迹的天空，她欣然看到在人与物上面的是一片无边的蓝，虽然这与现实相距很远。她逐渐感觉到她与托尔瓦德·海尔茂的关系是一种可爱的孩子与父亲的关系，而不是两个平等的人的关系。这时，她更耐心地等待上天出现奇迹。

她在戏将结束时这样说："耐着性子整整等了八年，上帝知道，我很清楚奇迹不可能天天发生。"海尔茂对她的期望没有任何暗示，没有事情比改变他们的关系更不在他的心上。他无论如何不会像娜拉那样需要自我完成、平等和相互促进。问题的核心是她依然像孩子似的，而他却已经是个自我满足的成年人。期望成长是孩子的乐事，他们满怀信心地要求自我超越。对海尔茂来说，这就像身材长高了还穿原来的衣服那样不舒服。他考虑之后决定不去约束她爱玩的天性，但是却必须阻止她的期望。总之，他想过她是怎样的人，认为她的性格正适合在这个他引她走入的"玩偶之家"里过日子。

娜拉的爱情在某个仙境里觉得自在，而他的爱情则扎根在他的玩偶之家。孩子般的爱情像葡萄藤似地缠绕在情人身上，童年的玩具与玩偶漫不经心地从她的手里跌落。踌躇满志的成年人，由于没有人可以关注，有意选择一个玩具或玩偶做情人玩物，打发做大生意间歇中的休闲时间。他选择一只"松鼠"，当他厌烦的时候可以玩游戏；一只"云雀"可以把沉闷的气氛都唱掉；一只"吹毛求疵的猫"，轻松时刻喂上糖果就会让它高高兴兴的。他对自己对娜拉都很满意。他沾沾自喜地说："我不要你别的，只要你像现在这个样，我的宝贝，亲爱的小云雀。"

他从来不曾想到，正是他的爱促进了她性格的发展，开拓了她的生活视角，这在无数事情上都有暗示。他的封闭的玩偶之家不会引起断裂的变化，他的秩序舒适的感觉必须保持。玩偶之家的爱是不能向外扩展的，但是却可以添置一些赏心悦目的装饰。海尔茂喜欢娜拉高高兴兴哼着歌用花边装饰圣诞树的样子，他觉得这是她人生中的真正使命。没有东西警告他说，从她的嘴里颤声哼出的幼稚小鸟般的歌声，会连接到一个静默的圣歌，期盼一个受到祝福、但无法实现的圣诞奇迹。而且这种奇迹的火焰只可能是他自己点燃的。

娜拉不知道爱与美对他们两人有截然不同的意义。她也不知道海尔茂对平凡的赏心乐事感到愉悦，同时他也是个世俗的人，他带着自我满足享受美滋滋、懒洋洋的生活，任何破坏他生活的严肃斗争，他都不愿意面对。阮克大夫是他家的病友，不让海尔茂在他跟死亡搏斗时侍候他，这不是没有理由的。他知道海尔茂"对一切丑恶的东西都有一种明显的反感"。在接下来深刻的斗争中，娜拉围绕海尔茂的命运起了转折，也不是没有情理的。他向她提出的看法埋葬了她的爱。

海尔茂主张的表面上的道德力量，需要行为上无可挑剔，保持尊严没有污点，对日常生活中的一切要自我控制，这植根于一个以自我为中心的享乐追求，然而在另一方面，表现出明显的谨小慎微，唯恐个人陷入冲突中。娜拉看法天真，作风散漫，天性浅薄还不知节制；海尔茂一本正经，办事认真，这种对比肯定叫娜拉感到惶恐。表面行为会掩人耳目。他的自我满足假扮成一种严肃的道德，而她内心深处的严肃经常转化成一种快乐的孩子面孔。

有时她受到挑衅，也会向海尔茂井然有序、精心构筑的世界投入一道外来的闪电。不过只有遇上紧急情况两人才不由自主发生口角，这往往是由她的行为引起的。在他们内在的差别对她显现之前很久，无忧无虑、无经验的少女与有教养、一丝不苟的男人之间的许多表面区别已埋下了冲突的种子。

海尔茂病入膏肓，需要到南方长期治疗才有可能治愈，由于缺钱而无法成行。娜拉恳求让她去赚钱，也因海尔茂的阻止而作罢。她父亲的故世使她也无法再期望他的帮助。绝望之余，她迈出了危险的一步。缺乏经验，做事鲁莽，她在一张证书上伪造了父亲的签名，冒领了一大笔钱。这笔贷款使她落入一个手段卑劣的律师手中。律师名叫柯洛克斯泰，从事形形色色的"交易"。

虽然一个不懂事的糊涂孩子才会做出这种事，在随后的岁月中娜拉却以男人的毅力与信任去还清这笔债务。她声称钱是父亲送的礼物，说服海尔茂还是去度必要的假期。娜拉对父亲的去世悲恸欲绝，对丈夫的健康提心吊胆，而自己的第一个孩子又将出生。不过她还是笑脸相迎，哄着海尔茂，要他相信他只是在迁就她才有这个寻求快乐的念头，她不能露出一点口风让他知道他实际上病得有多重。

海尔茂回家后，她没有告诉病愈的丈夫曾擅自作主欠下的债。她想独自悄悄地任劳任怨工作去偿还。她借口说要包装圣诞礼物，却通宵达旦地做抄写工作。她天生好脾气，允许别人申斥她是一只"贪嘴的小猫"，会说尽好话向人家乞求东西，事实上，她自己节衣缩食，以确保海尔茂和孩子们不缺少什么。由于她偶尔在家出现，也就很容易回避说出真相。尽管她的处境困难重重，尽管她省吃俭用，但是由于不善持家，反而使情况更加困难。她觉得认真负责完成自己的任务才是惟一的幸福。

"我差不多要把自己看成是个男人了！"她说。力量与独立暗中慢慢松懈，快要接近于放弃。她被人遗弃于黑暗中，摆脱不开谎言的罗网，也会对父亲与丈夫发出第一声无意识的怨言，他俩都把她束缚在幼稚与无知之中。但是怨言没有浮上意识表面，相反地，她不希望海尔茂注意到她的自我觉醒。女子细腻的天性还明确告诉她，她必须在海尔茂的眼里保持妩媚。她天真的爱与妩媚跟更有主见、更强壮、更聪明的男人相处才均衡。当她带着爱与崇敬凝视他时，不加任何掩饰。她的孩子气的外表在其他人看来瞒着许多事，但是海尔茂看不出来，只见到她满脸的真诚与谦卑。娜拉把自己的秘密悄悄说给林丹太太听，表示自己不是个轻浮的人，而是有阅历、勤奋的人。但是当童年女友林丹太太劝她把一切都告诉海尔茂时，娜拉却愤怒地加以拒绝。

"天哪，你怎么可以这样劝我，"她回答说，"他作为一个男人知道欠了我的情，会多么痛苦和惭愧！我们的相互关系就会完全变样，我们的家庭生活也就不再像现在这么幸福美满了！"尽管对来之不易的独立生活感到飘飘欲仙，她还是一点不想用她的王牌来对付他，改变自己对他的一往情深，成为一个与他平等的伴侣。她对一场真正的婚姻抱有幻想，却看不出这只是经过奋斗后赢得的平等，仅此而已。她转而寻求一个不可理解的爱的奇迹，引导她向上朝着他走去，愈高愈神奇，而他如同天神飞翔在孩子的头上。她的行动以及与此相关的工作，是出于她的爱而做的，这样才有了价值。她排斥任何这种想法，认为她最近八年的秘密生活竟会使他不高兴或愤怒。

她在自白中总结自己的生活："我爱过你，胜过爱这个世界上的任何东西！"奇迹不是靠工作或者挣钱得来的。奇迹像典雅、灵气、诗意，是突如其来的。她认为希望、期盼、信任，无论如何必须内在地转化为创造性的工作，这比任何事都清楚地说明在她正在苏醒的个性内，存在无比的坚毅与对成长的追求。她不满足于让圣诞气氛自然消长，而要体验圣诞礼物准备工作的快乐。她在努力解放自己的同时也向海尔茂献出爱心，她要完成自己的自由，只是把它作为一件礼物送给他。这发生在黑暗、秘密和关闭的门后面，目的是随同圣诞礼物一起出现。这使她自豪和快乐，期望有一个转变。

老朋友林丹太太的出现，对娜拉过节的欢乐情绪来说，像吹过一阵凄凉的阴风。林丹太太像寒冷、寡欢少乐的劳苦日子，也像她纯然为生存而无休无止的工作那样充满辛酸。除了最低的必需品以外没有任何表面的奢侈，这压缩和压制了林丹太太的内心生活。她天性中的潜质也受到摧残，终日叨念思虑的是日常琐事。很久以前她回绝了她爱的男人——讲究实际的柯洛克斯泰律师，而去跟别人结婚，让她的母亲、兄弟姐妹得到经济帮助。在一场痛苦凄楚的婚姻后，丈夫弃世而去，没有给她留下什么，甚至连个照顾的孩子也没有。现在她答应柯洛克斯泰的求婚，目的是帮他在生活中免遭灭顶之灾。她尽管心地善良，却痛苦孤独，最终决定在漫长辛苦的日子里追求最后一个小小的奢望：不要仅仅为生活必需品孤独地工作。

娜拉则相反，她从自己的婚姻中得出这样的结论："我只对我自己负责。"对林丹太太这恰是最沉重的责任，她现在要不惜一切代价挣脱出来。后来娜拉对丈夫最严厉的责备就是他不让她认真地享受生活。林丹太太和她不同，她独自操劳彷徨，只追求一件事——建立一个最后的，即使是简陋的庇护所，回避生活的斗争，让她能够去爱去操心。

这就像一棵挺立的枞树，被人遗忘在冬季的森林里，要独自承受暴风骤雨，不梦想圣诞的灯光与奇迹。它明白什么是在户外经受风霜，希望自己对别人有用，给祥和的家庭带来温暖、快乐和舒适，即使这意味着是一只生火的炉子带来的温暖舒适，而不是圣诞节日的灿烂。

当林丹太太见到老朋友柯洛克斯泰时，他正要利用娜拉在证书上伪造父亲签名一事，去敲诈海尔茂。海尔茂让他失去了银行的小职位，失望使他迈出这一步。为了他的失去母亲的孩子，他必须保留住公司里努力挣来的位子，他自己以前就在不法交易中做过类似的手脚而被公司辞职。林丹太太决心嫁给他，做他孩子的妈妈，使他振作起来并感到温馨。信任和友谊的意外礼物唤醒了他心中的善良品质，而他从前的朋友海尔茂，在短短的时间内显得是个自私的懦夫，难与娜拉伟大的爱与信任相比。海尔茂是个脓包，他惟一操心的事是社会上的名声。柯洛克斯泰高高兴兴希望重新做个与情人相配的人时，他的形象比海尔茂高大，就像林丹太太在耐心善意和成熟上要超过娜拉一样。所以林丹太太说了"我们彼此需要"这句话。他们把真正的婚姻引入了生活，虽则还需要克服不可避免的问题，而娜拉对婚姻的梦想和对丈夫为人的信任则崩溃了。

柯洛克斯泰威胁娜拉要把一切告诉她的丈夫，指出银行经理的妻子犯的就是他以前犯过的罪，让娜拉第一次感到自己处境危险。她现在明白她在法律面前是有罪的。当海尔茂告诉她说像柯洛克斯泰那样的人走错了一步而没有赎罪，这一个人又如何筹划了一个腐败的情境，如何编了一套谎言，让他们的孩子生活在谎言中，使他深感厌恶，她听了这些话心更乱了。娜拉愈来愈恐惧，她严密保守的秘密不再是她引以为自豪的理由，而是压在良心上的负担。她尽一切努力说服海尔茂召回柯洛克斯泰。但是当她铁石心肠的丈夫拒绝了她的请求，并无意中说出了他这样不可通融的深层原因时，她对他抱这样态度的主要理由不是出于什么义愤而感到震惊和奇怪。总之，他承认他或许可以"不去计较"柯洛克斯泰的错误。但是，如果让人知道了是"银行新经理的妻子使他改变了主意，这会怎么样呢"？

对于柯洛克斯泰，他又会想起从前一段不幸的友谊，"这个毫不机灵的人不会保守秘密……我对你说这实在是我最为难的事"。娜拉几乎不能相信自己的耳朵，"托瓦尔德，你不是认真的吧……不，这都是些小事情。"

她透过他沾沾自喜、高高在上在她周围造成的迷雾，首次深入观察到海尔茂的基本性格，感到十分惊讶。但是危险与恐惧没有使她想得更远，她对海尔茂的第一个奇异感觉没有变成一个有意识的疏远。她还要作最后一次努力进行自救。她去询问阮克大夫，希望找出摆脱柯洛克斯泰的方法。

娜拉跟生病的家庭朋友在黄昏时进行的谈话，引出一段真心表白，从而取消了她的计划。在这场谈话中，出现了一个圆滑的娜拉。她不再谨慎和孩子气，表现出一个成熟女性的机智和本性——轻浮，会撒谎和撒娇，不过本质上还是纯洁的。她没有经验，但天生一种高贵气质会进行充分的自我反省。在最后一次尝试失败后，也就不再犹豫摇摆，她变得很有主见。她对林丹太太说："你不要阻止什么。"她知道她正在走近一场危机：海尔茂什么都会弄明白的，她是完了。但是她知道同时也会发生另外什么事——奇妙的事，表露出他的爱，为她调停，把一切都解释为爱。这种爱将说明她不是一个淘气可爱的孩子，而是为海尔茂牺牲了自我的妻子，海尔茂也会为她牺牲自己的。

　　黑夜降临，日光黯淡，随着天色渐渐暗下来，闪光的圣诞奇迹也愈来愈近。怀疑这一点，也就是怀疑海尔茂的宽容和爱情的伟大。依据不解人意、无理性的人间法律可以惩罚的东西，必然会被海尔茂认为是她的爱情的证明；由陌生人评审为谎言和欺瞒的事情，在海尔茂看来毫无疑义，就像一个孩子在暗中祝福，私下准备，然后又着急地等待自己这一份圣诞礼物。

　　她无论如何不会接受他的牺牲，她不要他为她受苦，她将为自己的行为承担全部的后果，她将蹑手蹑脚走出他的生活，以一死来说明自己对于一切发生的事都是无辜的。即使想到自己的孩子，也没有干扰她的决定。知道孩子会把她的年老忠诚的保姆看做是个更好的妈妈，这虽痛苦也总是个安慰。她还没有把自己等同于母亲的角色，也没有等同于妻子的角色。她还像个新娘，依然盼望有一个真正的婚姻。只有那样她自己的生活才会圆满完善，她会从自己特殊的使命中学习。

由于这些原因——也在这个时刻——她还能够把自己的想法放在海尔茂和孩子身上。她能够勇敢地舍弃他们，相信自己即将看到奇迹显现的全过程，就像一个孩子透过门缝张望，偷觑圣诞树边的忙碌，看到第一道火光闪烁。尽管所有这些恐惧、危险和牺牲，标志着她一生中重要的殊死斗争，她还是说出了内心自白："不管怎样，等待奇迹发生总是一件令人兴奋的事。"以后的事实却不是这样。她说出这些话，总是说到了自己的力量源泉——寻求理想的勇敢主义，从这点出发，最后才会让她说出这些无比真实、神圣、有分寸的话。

与她精神抖擞形成强烈对比的是，她还忙着筹备一场化装舞会，这时柯洛克斯泰的这封决定命运的信投入到她的家庭信箱里。她一边排演塔兰特拉舞步，一边试图让海尔茂分心，不去注意那封信。

娜拉表面装得若无其事，她平时轻浮肤浅，现在突然变得泼辣，风风火火。使她走向成熟和脱离幼稚贪玩的事，她只能掩盖在痛苦装扮的假面具下。原本是精心处理的舞蹈，却临时变成了接近疯狂的演出，这的确也表现了她跟海尔茂的婚后生活。而他毫无心眼，津津有味地看着。没有东西使他意识到这种矫揉造作的稚气之下，正是一种无限的爱的伪装，在她前赴地狱的旅程中，又一次为他穿上了——暗地里她已经准备了一件朴素的衣服以备长期流浪。

海尔茂只是看到这种爱的吸引力，这种爱像麻醉药似地包含在她默默的告别中。香槟唤醒他的感官，刺激起他对妻子的欲望。他用以描述他中毒的话，充分表述了娜拉传递给他的诗意，同时也显示了他性格中的庸俗，对于这样一份爱，他除了看到是他舒服生活中的一个附属点缀以外，挖掘不出更深的含义。在香槟的酒性过了以后，谵妄与爱也就迅速烟消云散。那封信留在他的手中，他像是面对受刑的威吓，害怕娜拉过去的行为对他造成的后果，盛怒之下对娜拉百般侮辱，把她赶出他的心里——但不是赶出他的家里，因为他希望在外人面前保持面子。

对娜拉来说，一切都崩溃了。她觉得好像世界突然失去了上帝。她站在海尔茂面前，没有声音，如同化石，以前对于世事沧桑尚有什么需要学习的东西，现在在一刹那都完成了。她突然在海尔茂身上看到了生活的真相——一个感情上受伤的俗人，全身恐惧，满脑子私利。她一生对他关怀备至。她的生活都是靠他的真理和看法来维持的，她的生活由于他才少了上帝并遭到毁灭。即使她的成熟已经足以对付此时的处境，她的孩子般的心底深处依然保持着信念，她的生活依然盼望着奇迹。即使其他一切东西，如独立和个人成长还有待时日，这个新的奇异的情境却促进了她的解放。

正当海尔茂又气又怕之际，柯洛克斯泰的第二封信来了，还附了那份借据，并甜言蜜语地说起他新得到的幸福。海尔茂的第一声大叫就是："我得救了！娜拉，我得救了！"她静静地问："那么我呢？"显然她也得救了。现在她从新的角度对自己的处境与他们的关系看得很清楚了。她的心头怒火在一击之下已经化为乌有了。海尔茂充满同情地承认她的奋斗，向她保证他愿意原谅她。确实，他觉得她没有经验，缺少帮助而加倍叫人怜惜，他向娜拉保证她的软弱只有使他对她更加亲近，因为他能够像她那样有力量、有能力来保护和指引她。

可是在娜拉看来，她却好像被贬低为一条哈巴狗，挨打以后又得到饶恕；或者人家对待她像个玩偶似的，把它扔在一边，想到时才又捡了起来。事情的可怕已经一目了然，她意识到这个事实：她一生只是个玩具，她迁就其他人，却丧失了自己的尊严。某些奇异和不可测量的东西改变了她的伪装。她慢慢苏醒的力量与独立——她辛辛苦苦，不遗余力逐渐积累的东西，正要当做爱情的礼物，怀着纯洁的善意施予别人——现在凝集起来，在强烈抗议中爆发了。这样一个新的、陌生的、强壮的人诞生了，她不再下跪，不再受奴役，也不再可能受骗。

一直静悄悄、压倒一切地发展的东西，现在得到了宣泄。娜拉觉醒了，她不带锁链、站在海尔茂面前，简单地、清楚地、毫不拘束地宣布了她的自由。对付一个有经验、小心谨慎的人的异议，她还显得天真幼稚，但是她无可指责，向前看，光明磊落的天真，却是深入到了事物的核心。

海尔茂感到他们接触到了问题的根本。面对站在面前的娜拉，他提出反对与指责，慢慢地他变得极度震惊。对他来说，她是个陌生的和不可理解的人，跟过去的娇小孩子气的娜拉毫无相像之处。她是个逼人的可怕的谜，他惟一可能的解决办法就表现在这声喊叫中："这样的话只可能有一种解释，那就是你不再爱我了！"

是的，她不再爱他了。实际上她从来没有爱过他，她爱的只是另一个完全不同的人。他是个陌生人，她不再能够生活在一个陌生人的屋檐下。她在他的屋檐下从来没有快活过，"只是笑笑闹闹而已"。现在当她回顾一切时，才觉得自己过去活着只像个"要口饭吃"的可怜虫。她变得贫穷了。至于她的内心生活，她都消耗在偷偷摸摸、虚虚假假的秘密分期还款中了。

当她能够找回自我以后，有谁敢于对她的内心生活承担法律责任呢？当她能够贡献出自己以前，有谁敢于把她交给另一个人呢？当她让自己的内心人物摆脱幼稚的约束而诞生以前，怎么能够允许她变成一个母亲让孩子诞生呢？或者在两个人成熟以前，她怎么知道他们两人是朝着一个彼此相容的目标成长呢？她怎么能够知道他们是否在想法和精神上融合呢？或者他们是否会达到这个不常见的、至高无上的人生绝顶："一场真正的婚姻。"

娜拉不能够以林丹太太的方式去体验爱情与婚姻，林丹太太的爱情与婚姻没有一点奇迹，充满美满理性、习惯、献身精神和简单责任。林丹太太的"内心"生活中已被剥夺的东西，在娜拉心里却是理想地和丰富地存在着。以前她并不真正知道理想是否就是填补她内心深处的元素。理想和玩耍与梦想不可分离地存在，就像跟天使相伴的快乐姐妹或孩子。一个孩子无意中会说守护天使从天上看着他，保护人不跌倒，不让他梦中受惊扰。但是那时候，人的命运走进来了：并没有守护天使保护人走在布满陷阱的旅途上，也不能不让他恨恨地醒来面对一个艰苦、无情的现实。第一次理想与现实中间隔了一条大裂缝。第一次，骰子掷出去了，她的梦想与希望只是一个孩子的想象，还是童话中的战船，装满在生活中奋斗的理想。

从前，一切都建立在信任上，不用担忧和不安，现在一切都充满怀疑。从前，奇迹是可以预期的，现在，她所学到的一切——即使确凿无疑的——也会节外生枝，不可理解。

在这样一个时刻，一个孩子无望地握住成人的手，寻求引导与方向。但是另一类的幼稚，跟生活的理想是密切相连的，可以迅速聚积力量和阳刚之气。第一次决定性的冲突，决没有叫娜拉就范或妥协，反而像是一声战斗号召……抵抗与勇敢形成了坚固的盔甲。她领悟到生活中的奇迹高峰不像在现成的童话里，会把睡美人唤醒。生活中的高峰必须去征服。这种看法她很乐意予以检验。

因而，我们把娜拉留在了不可知的人生野地上、对着黑暗打开的入口处，没有东西告诉她，她是否会找到通往目标的道路。蓝色穹隆不再给人安慰与遮蔽。路漫长遥远，从她迷失的地方看来中间相隔的距离远不可测。极目天涯处，渺远萧索，一条细细的线，在人的视界内看到的天与地的交汇，孕育着和解。朝着地平线走一步，看起来像是理想的东西跟着往后退，人走入了没有穷尽的旅程中。

尽管是这样的预兆，她的勇气与信仰中含有平静强烈的力量，敦促她去战胜海尔茂。她如孩子般地坚持不懈，阳刚耿直，使海尔茂的武器——经验和见识——都归于无用。他尽管刚愎自用，但还是奇怪地感到一种他必须尊重的秘密力量。海尔茂以前总是自命不凡地看轻娜拉，这次却发现自己低头顺应了她抱着孩子般的理想作出的决心，说出这个诺言："我有力量变成另一个人。"

在他看来一切好似他心中的孩子从沉睡中醒来，一个还能够成长的孩子……只是这个意识来得慢了。不像娜拉斩钉截铁，生气勃勃，而是含着眼泪，疑豫不决，无可奈何；他的灵魂，彷徨不定，在朦胧中痛苦，寻找它失去的童年。由于这个理由，他就不掌握把娜拉束缚在自己身边的力量。他没有其他选择，只有去听娜拉离开时的关门声。然而他并没有对她完全死心。他坐着睁大了眼睛朝她看，垂头丧气，不声不响。

第一次，他为日常的烦恼与欢乐而操劳的一切，他的旧世界，慢慢下沉；第一次，他大惊小怪、忙忙碌碌的一切都成了化石，静默无声，慢慢、慢慢地，梦一般的神奇中出现了娜拉的世界。这个被遗弃的房间，冷而孤寂，那些被遗忘的童话人物像舞台上的鬼怪和儿童围绕在他四周。自从结婚以后，他跟这些人物生活了那么久，却只是把他们看做是带来欢乐的玩具与消遣，却没有看到他们小小肩膀上的羽毛，可以带着他飞出他的狭窄的玩偶之家。

第二章

阿尔文太太
《群鬼》

现在我看到发生了什么……现在我可以说出来了。也没有理想会崩溃的。

———— 阿尔文太太

如果"奇迹"这个概念里包含着达不到和不确定的事物，那么它也包含了无限的可能性和前景。如果娜拉以后面对的是一场得不到胜利的战斗，那么她已经穿上了一副坚硬的金盔甲，做好了准备。如果她在痛苦中出发，这不仅是伤心地和耐性地接受了丧失理想的痛苦，也是为了一个新理想去努力斗争。她勇气十足，精神焕发，前途一片光明，道路是敞开的。她只要越过界线，后面便是生活——她选择的生活之路——开始的地方。由于这个原因，她的发展，她对一切阻碍其成长的抗拒，都只是把她的后继者海仑·阿尔文太太吞没的那出悲剧的序曲。

　　海仑也像娜拉，从一个管教甚严的少女时代走出来，还不成熟就嫁了人。但是她不是成长在一个快乐的"玩偶之家"，而是在一个因循守旧、制度刻板的教会学校；不是像娜拉不必严肃认真只会嬉闹贪玩，而是不断地要求负起责任，这限制了她在自由、快乐的真实生活中发挥个性。

　　少女时代的这些心灵上的烙印，说明为什么海仑第一次无邪钟情的是一名教士。她需要一名神职人员，把她暗中对生活的向往与他的严格有序的纪律融合起来。同样颇有夸张意义的是曼德牧师是个天真的理想主义者，满腔无害的雄心和清白的灵性，她为他情窦初开，心头出现第一次自由的悸动。这生动地表明了她从少女时代到婚姻悲剧的过程，这其间她成了粗暴与堕落的牺牲品。

她羞涩的初恋梦，没有力量保护她逃过今后的悲剧。曼德牧师所代表的神圣与纯洁的东西使她崇敬，这影响到海仑对丈夫的选择，并促使她服从家庭中代表上帝意志的权威。她同意嫁给年轻有钱的军官阿尔文，他被看成是"一门好亲事"，虽然他生活极为荒唐，与他所处的严酷环境形成明显的对比。

阿尔文不论出现在哪里，"都像是带来了春天。那时他不知疲劳，精力充沛……那时他的行动就像这个样，现在，这个享乐主义的孩子不得不在一个中等城市周边闲逛，那里提供更多的只是玩乐，而不是令人入迷的欢乐。这里他不得不做点小事，没有生活目标，看不到将来有什么发挥其才华的工作。没有真正的朋友跟他分享生活的乐趣，只有一起游手好闲的酒肉朋友"。

可能他梦想有一个妻子和房子，一个可爱的家，以满足他的需要。也可能这种美满生活像清脆的钟声令她听了会心里发颤。但是海仑可能并不知道这些。她谈到自己时说："我自幼受的教育是尽责任这类的话，我直到现在也是这样相信的。什么事都归结为责任，我的责任和他的责任。"

海仑尽管百依百顺，却不像娜拉那样带着孩子般的幼稚面对丈夫。在她接受的教条式教育的框架内有一件事是得到充分发展的：就是一切事物都要求内心严格按照理想与宗教的立场去判断。她不像娜拉，认为婚姻是一件得到祝福、谦卑收下的礼物。海仑把婚姻看作是对自己与丈夫的挑战。她像一个思想不成熟的女孩，不能够恰如其分地评价和了解事物。她对他很快作出判断，把他跟一个预设的理想化图像相比，不管怎样，他生来具有的青春活力在相比之下必然显得粗俗与放荡。她不是自由地摄取他的活力，让自己摆脱阴暗的教育，而是本着她在教育中养成的拘谨冷酷，一开始就在他们之间筑起一道篱笆。

一开始，她的丈夫感到窒息和失望，遭到排斥后逃离家庭，又过上了从前的声色犬马的生活。海仑愈是愤怒轻蔑，他也愈是沉湎其中，以致结婚一年以后她完全有理由称他是个堕落的浪子。

她对他深恶痛绝，这种感情破坏了她原先对婚姻抱有的想法和所受的教诲。她在家庭的精神朋友曼德牧师身边寻找庇护。虽然她还若在梦中似地流露少女情愫，遇事不会自作主张，但她还是初次无意识地表达了愤怒天性，会突然粗暴大叫，这声吼叫她会立即无情地冲口而出。她同意依然保持婚姻的纽带，因为她所受的教育使她相信婚姻是神圣的结合。无论如何，留在她心里深处的意识要比顺从更强，那就是她认为已不结合也不神圣的纽带是完全有理由去割断的。

一个纯洁的男人才是她孩子般想象中的理想对象。在明白了这个事理后，她对曼德的热情也就更加强烈了。在她看来他必然是她严格的和感情上的理想化身，她的理想实际上已经去除了神圣的光彩，因为它驱使海仑离开丈夫。只是在这个意义上，她才可能去向她的朋友曼德喊道："我在这里，把我收下吧！"

这声叫喊不是出自一个不负责的女人，而是出自一个受了惊吓的孩子，她睁大眼睛看着生活中可憎可厌的东西。她不是要求爱的欢愉，而是试图飞离她陷入的泥泞。她天性中一切受伤害的和被激怒的部分全都迸发成一个热情的、出自内心的纯洁与无辜的自我奉献。

由于这个原因，在她日后的生活中，最初具有个性的冲动愈来愈显著，驱使她投向曼德，给她力量去跟习以为常的顺从态度决裂，直至最后它支配和改变了她的人生。她决心摆脱她认为的非真理，只追求和尊重真理。

她猛然觉醒的天性确实可以理解为她的解放，如果她原先崇拜信任的丈夫不是热切代表她自己在成长中的僵化严格的学说的话。曼德并不信任、并不喜欢她亵渎神圣的飞翔，抵制她的主动诱惑，尽心尽责地指导她回到丈夫身边，不管他多么堕落。她必须维持在上帝面前信誓旦旦的婚姻，今后对它保持忠诚，这是惟一的目标与理想。

同样，她的个性还没有足以发展到抗拒世俗传统，她又一次顺从了它。她以半心半意、消极同意的态度追求的东西都沉积在她的教育中，现在有意识地使之成为生活的内容与目标。她不惜斗争与牺牲，在丈夫拈花惹草的道路上设置障碍。这些障碍都毫无效果，因为它们跟那些促使他离家而去的严格措施，起到了同样作用。她现在治不了他好色的毛病，因为她从前既不理解也不熟悉这一套。尽管她为一个真正的婚姻不放过每一次斗争，但她不能够融合生活中的严肃与欢乐、脾气乖张与轻浮，她只能保持婚姻的外表。所以没有人可以理解她婚姻中的痛苦秘密，了解她丈夫的生活，她听任他寻欢作乐，才把他稳住在家里。她陪着他荡检逾闲，跟着他饮酒大笑，直至她肯定他已平静下来。外界也看不出来她用自己的身体保住了婚姻的圣洁。

即便这样做也没有取得成功，因为她的丈夫缠着女仆有了关系，这样一种关系导致致命的后果。从那时起，海仑毅然决然剥夺了他的权威与自由。她又成了从前那样的暴君，就像不久以前她做过他的妓女代理人。他在因淫乱而得的一种病的影响下慢慢地、消极地沉沦下去时，她采取坚决的措施，用他的名义和资产去做慈善事业，消除大家的疑惑，保护他的姓氏与名声。多亏了她的决心，他在过世以前依然能像个绅士那样受人尊敬。她强制自己去承担的任务是靠着对自己独子的关心完成的，欧士华是她惟一的幸福源泉。她送他到国外受教育，这样他不用呼吸家庭中的恶浊空气。他在父亲死后回家，至少保留了没有沾上污点的理想。

追求传统的目标，内心不存在冲突或疑惑，这是她的生活的表面现象。但是她让自己适应世俗不是没有斗争的。这种孤独绝望的斗争有时使她显露出全部毅力和独立性格。在这方面，她的个性得到加强，打破了她受的宗教束缚。这在她眼里已很清楚，她继续为之奋斗的目标，她曾为之受苦的目标，是外界强加于她的，不是出自她本人的信念。

她的人生路口高悬的理想化坐标，不是她自己写的，她抱着虔诚的幻想认为这是由一只神圣的手写的，金光闪闪永不磨灭。然而她凭本性做出的最初决定是不同的，这是不假思索的拒绝和躲避。然后她不得不按照强加的标准为自己既不主张也不需要的东西去发展，去奋斗。这样她的行动属于她承袭下来的世俗习惯，同时这个世俗习惯的内容使她产生怀疑。随着她战胜自己的每一个胜利，她清楚地意识到这是对她的利益与天性的悲剧性颠覆。就是这样，她第一次按本性躲避强加的责任，慢慢地、可怕地转化成为她内心生活的悲剧性分裂；在牺牲与受害以后，她终于认清她打的是一场误入歧途的战争，她在其旗帜下为之而战的众神都是些魔鬼，是脱离了肉体的影子戏。

在这场战斗和分裂中，她的内心惶惶不安，所以她不能用娜拉的话谴责自己的婚姻，说婚姻像个不绽放的花蕾紧紧裹住她。海仑的花蕾强暴地、无情地怒放，不是依靠天然的阳光，而是在一种令人反感、软绵绵力量的压迫下，像被一条咀嚼的爬虫咬得花瓣张开，然后一片片掉落。

如果说不管怎样，她还是借了锦花人生中的一片叶子来丰富知识，她也必须采取转弯抹角的方法去达到真理。——这不是自然的开花，受损害和牺牲的人生都是这样。不顾这一切，人就是要达到它！

她的最深邃的本能告诉她，不管发生什么事，这是可能的，也是必需的。她的心理状态也就完整地、有迹可循地说明了她会发出热情的呼叫，扑入曼德的怀抱。在她天真的心目中，曼德体现真与纯洁。当她经过痛苦与斗争，面对真理的最痛苦的要义时，嘴里发出的是同样的呼叫。她像个在即将陷落的阵地上战得精疲力竭的英雄，看着周围的一切纷纷坍塌，在失败中没有悲叹，也无撤退之意。然后在战斗前夕，她屈膝而跪，充满羞愧与期望，谦卑地、诚恳地说出了这句青春豪情的话："我在这里，把我收下吧！"

对于曼德牧师来说，她的呼叫不论出于什么样的真诚，还是包含了与以前一样的轻浮与罪愆——人家也是以此判断他的。当欧士华回到母亲身边以后，他来拜访阿尔文太太，他第一次得知她后半段的婚姻史，自然非常吃惊，但是她的态度转变也让他很愤怒。恰如几年前那样，他只有这个反应：":……理想怎么办呢？"

她只是简单地提出一个反问题："（顾全了理想）真理怎么办呢？"她的这个回答也是建立在痛定思痛后才明白的事理上的，这句话也曾一度使她兴奋和惶惑过。

生活在这位好心善良的曼德牧师身边绕了过去，没有留下一点痕迹。生活对他没有揭示什么，他不奸不邪，哪儿都不存在非真理或非纯洁——不管它们的存在如何明显。他很容易受骗受剥削。阿尔文太太不久就见证了身残心邪的安格斯川木匠如何蒙蔽他，可是牧师还自以为对人性很了解，得意洋洋地问："阿尔文太太，你现在还有什么可说的？"

她有什么可说的呢？她让他去得意吧！当她接近他时，她面对着曼德心里涌动真诚的情意，而他的劝诫导致她的财产流散："曼德牧师，我真的相信你是个大孩子，永远不会改变！——我也相信我搂着你的脖子时会很高兴。"

多么可爱的话！里面有两层美好的含义，因为这几个字显示了一个对比：她成熟的控制和青春时代旧理想的掌握。她从她的孤单陡直的石头山的制高点往下看，但带着亲切、同情和怀念，就像一个强壮、经过考验的男子俯望着一个不及他长得快的可爱孩子。不惊叫，不嘲笑，不尖刻，不痛苦——甚至没有一句责备，什么也没有，除了静静地凝视，这远远超越一切个人化的东西。她一本正经的态度中有了伟大的东西，她带着它处理自己的磨难与命运。这是她这种大度量的女人天性中最高尚的特征，集中所有个人的创伤与经历，形成了默默的理解与领悟。

这个特征是不折不扣对真理的期望，这是从种种混乱和努力中产生的，塑造了她本人的个性。这个期望推动她的生活朝向一个悲剧性方向发展，又被违背了自己期望的行动弄得四分五裂；她在痛苦中逐渐理解，并在哀叹中变得慷慨。

她最早的行动决定了她后来的行程，因而她不可能逃避随之而来的悲剧性事件。她相信埋葬了丈夫以后可以回避她的过去留下的后果，能够跟欧士华开始一种新生活，这是她最终对人生产生的幻想。这样的妄想也可使人快乐一时。她快乐，因为她可以怀着历年积累心头的温情去爱另外一个人，奉献毫无保留的母爱与牺牲，而不是为应付她轻视的义务而被牺牲。

作为这个新的伟大的幸福的一部分，她对过去遗留的义务作出一个妥协，一个出于荣誉、对真理却又并不荣誉的妥协，即是让儿子在心目中依然保留父亲可敬的形象。这最终的好意使死者，也使生者都免受伤害。

欧士华看起来也配得上这个母亲对他的无比自豪，他在国外长大，英俊有为，像个天才画家。他的绘画充满阳光和生活热情，主题是"集中表达生命的乐趣"。

父亲寻欢作乐、游手好闲的秉性，在欧士华身上转化成了艺术灵性，来自母亲的精神馈赠似乎是懂得保持尊严与宁静。但是母亲的祝福还不能彻底根除父亲留在欧士华身上的诅咒。单调无聊的村庄和家庭生活，又加上终日阴雨连绵，使欧士华无法到户外寻找消遣，闷闷不乐，喜欢上了喝酒，并跟女仆吕嘉纳有了奸情。他绝对没想到吕嘉纳是从前女仆的女儿，也就是他同父异母的妹妹。但是阿尔文太太却从这件事中看出这是从过去走出来的第一个鬼，其他的鬼不久也会迅速出现，无法阻挡。

欧士华声泪俱下地承认，他再三说到的旅途疲劳，其根源在于某个脑病，已经出现精神病的征兆。他害怕发作，因而回到家里来，医生的诊断指出这有可能让他陷入不可救药的痴愚症。痛苦的自我谴责与怕死的恐惧搅和在一起，他害怕自己染上了只是年轻人荒唐才会得的可怕的病。医生推测此病可以在父亲寻欢作乐的生活中找到原因，他愤怒地一口否定了。听了欧士华的坦白，阿尔文太太力求自己摆脱过去的希望完全崩溃。同时，为了纪念丈夫而建立的孤儿院陷入乱象，像火似的烧到了她的生活，愈烧愈旺，把一切都夷为平地，只剩下一堆灰烬。

虽然这深深触动了她的内心，唤醒了她过去的悲伤与痛苦，还不至于否定其目的在于认清与注意真理的召唤。她最后的面纱随同她的最后的幸福都一起消失了。不但一场大火会烧光毁灭，也会在周围抛出一大圈强烈的火光，高高升入天空。所以红色的火焰最终烧掉她生活中的幸福，也带给她明明白白的启示和灵光。

由于欧士华，她弄得心劳神疲。他诉说他是因为怕而跑回家来的，但是现在他们的家死气沉沉，他满脑子都是阴郁的思想。忧郁压抑的气氛，像户外带雨的云，破坏一切阳光照到的东西，使人不由自主产生偷偷摸摸做坏事的冲动，年轻人原本无所事事的邪恶欲望会一发而不可收。

阿尔文太太听着他说话不出声，在她的内心，过去的事情闪射出一道新的光芒。在她看来，好像丈夫再度出现了，就像她知道他以前处在活力难抑的第一青春时期，在她看来这好像他指定欧士华为他的拥护者。首先还是家里抑郁的气氛，缺乏活动和欢乐驱使欧士华走上父亲的道路？不然不会变成父亲以前那个样。她显然很清楚欧士华在阳光灿烂、喜气洋洋的画景中从不厌倦推崇的东西，仅仅是对期望的艺术表现，父亲在乌云密布的人生中寻找太阳，也是抱着这同样的期望。

她以往的悲剧通过欧士华终结的同时，又无情地重复出现，像一个归来的鬼，这个悲剧完全暴露出其形成的原因。这时，悲剧转移到了他的身上。在阿尔文太太的眼里这个鬼出现时，不再像一个被轻视或抛弃的人，会引起她的战栗。这在欧士华青春年华却如花似的盛开，表面上决不淫荡粗鄙，而是一片热诚专注地激励着他。这最丑的真理已经从阿尔文太太心上卸下，就像一副讨厌的压得她弯下腰来的重担。她对过去的审判不再是谴责，而是一种不可估量的悲哀与可怜。她可以原谅，不去搅乱真情，因为她能够理解了。

这样，她鼓起勇气，实事求是地对待欧士华，她向他指出他的父亲是怎么一个人，要他放弃自责。她这样做时几乎还带点儿愉悦和自信，尽管曼德牧师听了她说这样的话很愤怒："现在我看出发生了什么！现在我可以说出来了！……还有，也没有理想会崩溃的了！"

这样说的时候，令人高兴地听到她人生中的分裂可能弥合。强制遵守传统的圣事仪式不可能做到的事情，却由一种客观的事实予以实现了。她会和颜悦色去迎合丈夫的精神与本性，再不会向他敞开她温和的灵魂。直到那时以前，真理无情地走进她的生活，毁灭了她的理想，但是她毫不畏惧地怀着强烈的热情去追求真理。现在真理像四处扩散的光辉最终把她包围，以致现在她可以看到理想与真理，把它们作为一个新的与胜利的统一体那么崇拜。

在这简单的一幕中，戏剧升华了，完成它的内在发展。这像是孤儿院着火后的余波，大火烧毁一切，熊熊火光中冒出浓烟，衬着黑夜的天空鬼影憧憧。毁灭的烈火转化成温柔的火光，笼罩着阿尔文太太，这时她勇敢地照顾她的备受打击折磨的孩子。在温柔的火光中，她的生活遭到完全的毁灭，却在经受高贵的转变，虽然心地平和，但是充满悲剧性。

跟着而来的是外界命运的最后和不可避免的挑战。欧士华精神病发作，阿尔文太太发誓说她会给他解脱的毒药。她会给他的，她会用象征性的姿态去完成，她会同意亲手毁灭她在虚假基础上造成的一切，就像她要否认和取消她在不由自主的错误中树立和保卫的东西。

在这个最后的夜晚，她手拿毒药迟疑不决，俯身望着欧士华。她内心斗争，在完全的孤独中怀着做母亲的压倒一切的忧愤，要闯过尘世的最后一场战役。山顶天已破晓，谷底依然暗影一片，谷后出现影影绰绰的雾气，肉眼已经看到巅峰上颤动发红的曙光。

这种景象在欧士华迷蒙的意识中和山谷的居民前晃动——像梦

中期望看到的幸福与祝福。他结结巴巴地说："太阳！"阿尔文太太视野清楚，看到的东西不一样。她知道她必须留到最后关头，在阴影下，决不要去攀登这些照着阳光的山顶，太阳会为她而升起，她将会照到光辉，随着光辉得到解放。

对阿尔文太太来说，心目中的理想不再是娜拉寻找的理想，娜拉带着年轻的心准备去奋斗。将来会发生奇迹，现在则隐藏在遥远的地平线后面。对阿尔文太太来说，未来是不存在的，天与地和谐交融的地平线是不存在的，她只能左顾右盼，对着空旷的战场看上一眼，满地都是标志她人生各阶段的牺牲。她不像娜拉摇摇摆摆探索内心与发展，不像娜拉最初脱离历来重视的理想时感到痛苦，海仑·阿尔文已经深入触到了真理，感觉过它，用坚实有力的双手抓住过它。所以，娜拉为理想与真理进行充满期望和有争议的战斗，海仑·阿尔文则感到宁静与和平。她不像娜拉漫无目的地走在不可预测的黑暗道路上，她可以静静地呆在曾经出现过光明的天空下。她抬头，举手向着突现在她生活中的大转变，向着真理——向着太阳。

第三章

海特维格
《野鸭》

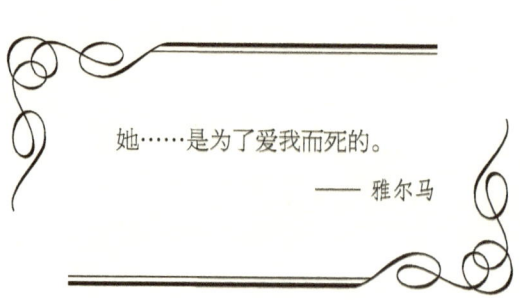

她……是为了爱我而死的。

——雅尔马

如果从阿尔文太太达到的理解高峰出发，从她被真理解放而达到的和平出发，看起来只有一件事可以促使生活回到激情与骚乱，这就是无私的使命的激励才能带来祝福和明白的事理。

执行这么一项任务的代表，不会是一个主张理想的权利是用于自身发展的娜拉，那个代表必须是个使徒式人物，他舍弃自己的生活，在流浪摸索的人群中传道宣讲。

易卜生的《玩偶之家》与《群鬼》的主调是孤独的人物和单调的命运，而在《野鸭》中我们看到一圈人，围绕在一个智力中心点，聚焦在"对理想的要求"上。

格瑞格斯是这个"要求"的代表，这项理想任务的使者，从表面看来就是从阿尔文太太向往的空气清冽的高峰上下来的。好像从这样的高度，她虔诚的沉思才会变得有血有肉。而格瑞格斯则是从纯粹理想的高山上落到尘世生活中来的。如果说他对自己的奋发和个人期望予以终结的话，他不像阿尔文太太那样做。阿尔文太太是在愁苦中成熟，从毁灭性的冲突和漫长煎熬的生活中走过来的，而他不思有所作为，陷入了孤独，这些影响是他父母的生活对他潜移默化形成的……

他的父亲的矿业公司在与世隔绝的青翠山谷中。他在那里成长，天真开朗，幼稚地相信一种谁都会接受的理想使命。他全心全意向着他们，就像一个人高兴地意识到带了什么宝物，可以把他的理想财富施舍给需要的人。他就像个从真正精神之家来的乐观的传教士那样给人欢乐、光明和祝福。然而他没有注意到他的理想太严酷太沉重了，给人一种压抑、威严的效果，就像一片平原中央压着一座直耸云天的高山。他就像芸芸众生中间一个几近于幼稚的人物，这个巨大的反差不能让他在大地上站稳脚跟，一事无成，尽管有不屈不挠的坚强意志。我们总是看到他张开手掌或者握紧拳头，给人祝福或劝诫。他从来不会做出什么具有创造力的事，不给人生形成真正有效的打击。他在粗暴的权威性攻击后向自己宣布胜利，他通过真理进行的解放使命就显得是一场悲剧。

在格瑞格斯和有相似理想主义的布朗德（易卜生年轻时写的一部同名剧本中人物）之间可以得出有趣的比较。他们气质的联系是毋庸置疑的。他们两人都体现了"对理想的要求"，完全抱着严肃与天真的态度，毫不含糊或保留，毫不犹豫或怀疑。只是把智慧发展成行动的方式是不同的。布朗德不像格瑞格斯，他拥有象征强制力量的拳头，他知道怎样让世界俯就自己的意志。他与之苦斗的对象毫不退让，也使他更加粗野，却并不失去信心，最终他的粗野产生了效果。虽然布朗德以失败告终，但不是在人力所能及的事情上，而是在他要达到的目标上失败了。他对自己的理想有一种错误的理解，没有把人的局限性计算在内。像浮士德这样的悲剧人物都隐藏着失败因素，他们受制于人类活动和人类理解力的极限。这时在垂死的布朗德面前天空打开了，一个充满神圣怜悯的声音对他说话，这么动人的亲身经验犹如上帝对着他的人生所作的一次审判。

就像少年的肖像跟成人的肖像是不同的，格瑞格斯的肖像与布朗德的肖像也有距离。格瑞格斯不像布朗德那么粗野和无情，但是他也没有对人生发挥什么作用。就像布朗德对上帝的概念游移不定，格瑞格斯对人民的概念也游移不定——这样都不可能使他们的理想可能实现。由于这个原因，他对人性的高尚与过失有一种难以释怀的关心。从天上传下神的声音（不比对布朗德更少谴责）："他是慈悲的神！"

人生中的粗暴力量打败了格瑞格斯，信仰这力量的代表人物是瑞凌医生。值得一提的是他看起来不是日常生活中一个缺乏理想、搬弄是非的人，而是一个理想代言人。他认为人是很怪的，人经常要求知道赤裸裸的事实，但是知道多了却又受不了。他也认为由于这个原因，理想的安慰基地和力量源泉可以自动生成。格瑞格斯鼓吹的"对理想的要求"或是义务，他都是无能为力的，只有持续存在和带来安慰的东西才有生命力，应该被视作为真实的。所有不能成为真理的"真理"，必须笼罩在宁静和兴奋的幻想里。在特殊情况下，设计幻想是有益的，它可以消除痛苦，麻痹神经，让人忘记生活中的不平，刺激人性自尊，鼓励大家相信自己的美德和才华。这些可以用于掩盖无奈的弱点，也使大家趾高气扬，显得比实际上更为轩昂。在这方面，瑞凌对格瑞格斯说："没有必要使用这个外国词——理想，我们挪威语中对这个早有一个恰当不过的词——谎言。"

良医不但善意医治人的身体，也要医治人的心灵，而他却制造谎言，包装成治疗的药丸，根据个人需要与环境有区别地散发。他必须跟格瑞格斯斗争，像一个治疗师跟一个下毒犯斗争，他很有理由说："你从普通人身边取走生活谎言，你同时也取走了他们的幸福。"

这是长期的生活实践给他的教育。他平时开方子的目的就是给每个人安慰和舒适，而格瑞格斯要做的是提高人。瑞凌医生试图向人提供高跷和拐杖；格瑞格斯则要每个人找到翅膀。

对立人物竞争的战场——不妨这么说——是摄影师和画家雅尔马·艾克达尔的家。格瑞格斯认为雅尔马接受过良好的教育，"对理想的要求还没有忘记"，而瑞凌则说雅尔马是由"乖张、歇斯底里的老处女两姐妹"、他的"灵魂继母"抚养长大的，她们对待失去母亲的男孩像是个未来的明星，尽其所能地溺爱他。所以保护与培育他的青春年代的理想要素也渐渐成为娇生惯养的诱惑。他的理想主义从而也缺少主心骨，留下的是充满生气的修辞，从而导致自我欣赏。他一出现就吸引人，"英俊、肤色好，文质彬彬，女孩喜欢的男孩模样"。外表跟他的童年朋友、丑陋的格瑞格斯不一样，内心也跟格瑞格斯的呆板的理想主义不相同。

若干年后，格瑞格斯从与世隔绝的山上下来，重新遇到雅尔马，他想他必须为他承担重大责任。由于他的父亲威利商人，艾克达尔一家蒙受了许多冤屈。老艾克达尔被企业剥削，陷入了耻辱与贫困，他的儿子雅尔马不得不中辍画家生涯。但是威利商人表面上做得很慷慨，让他受教育当上摄影师，从而也让他把威利的旧情人基纳娶了过去。

基纳尽管对丈夫失望，但还是证明自己是个勇敢勤劳的女性。她自个儿努力工作，让家庭与事业走上了轨道，这些事雅尔马很少关心。她的温情经常使他心满意足安于现状，就像室内合适舒服的装饰，使他沉湎其中不思其他，旺盛的精力因此消沉麻木。由于瑞凌提供了令人陶醉的鸦片丸，雅尔马在麻木中又做起了美梦，深信自己正在接近完成一项大发明，这足以给他带来名声与财富。雅尔马心中始终期望飞黄腾达，但是受到庸俗的生活的侵害，期望表现成了美妙的幽灵形象，充满沾沾自喜的虚荣和对伟大的幼稚幻想。他的蹒跚的父亲在阁楼里守着废物和动物过日子，他则与幽灵形象相伴游戏，这代替了他以前在树林里的自由生活。

格瑞格斯注意到这一切以后，决心帮助雅尔马摆脱这种丧失尊严的处境。他不是通过道德说教去完成这项任务，而是带给他礼物，试图以此补偿对艾克达尔一家造成的伤害。他向雅尔马说出他的家庭生活是建立在威利商人的欺骗手段上的，然后他说出真情，鼓励雅尔马和基纳结婚，开始过一种更美丽的新生活，他看到不论基纳在欺骗一事上做了什么，她的勤劳忠厚会让雅尔马对自己的沾沾自喜和软弱感到羞耻，她已尽最大的努力做了自己该做的事，办了一件真正的婚姻。雅尔马也必须知道他需要去体谅，改变日常生活，把婚姻提到理想高度。

这时，格瑞格斯看到他的计划离完成还差得很远，他的揭露只是造成无法形容的极度混乱。当然，有一个时候雅尔马运用他的辩才来应付重要时刻，但是他马上想起他从来没经历过大场面，不配穿一件悲剧中的大氅。他穿一件破烂的大褂更觉得自由自在。

人的脾气刚发作时，会怒得唾沫四溅。没有外来的潮水高涨，不流动的湖一时不会变成一潭污水；只有淤泥在深处搅动，平静下来后非常缓慢沉落在黏糊糊的湖底。格瑞格斯不论做大事或做小事都是个庸才。跟艾克达尔一家居住时，他试图点燃炉子时固执己见，力气使用不当几乎造成一场大火。在这里不慎引燃的火熄灭以后，灰尘与污物的混合怪气逸出后，熏得满屋子恶臭冲天。

从某种程度来说，雅尔马代表了人类的一个横断面，格瑞格斯通过这个横断面获得他对人生悲剧性的看法。他完全迷失在他事先设计的自我定型中，作为一个给人类散布欢乐与奉献祝福的人，却又像个"死硬的狂热分子""撞开人家的门"去提出"对理想的要求"。他那么慷慨地散发他的全部珍贵礼物，这个悲剧的看法可以被看做是偷窃和剥夺人的最重要和最不可或缺的特性，那就是创造幻想与海市蜃楼的欲望。他必须知道对于普通人，真情实在像个小偷，他从他们那儿拿走的比他们能够献出的多。接受礼物意味有巨大的容量。阉割的家畜的希望是有气无力的，这样的礼物和真情看起来是食肉兽的野食，所以这变得很明显，分发礼物与真情的人受到人们的痛恨和畏惧，甚至到处被人像躲鬼似地慌慌张张躲开。在人生的餐桌上，有这么一个携带霉运的客人坐在旁边，美肴也不再诱人食欲。这样客人也没有什么事可做，除了像格瑞格斯一样悄悄远离快乐的盛宴。当格瑞格斯痛苦地回答瑞凌的问题时，他明白他是"餐桌上的第十三个人"。

格瑞格斯遭遇的人生，跟易卜生《人民公敌》中有同样想法的斯多克芒医生一样。作为一个戏剧人物，斯多克芒与格瑞格斯最为接近，但是他高高兴兴略带孩子气，又加上布朗德式的久经考验的战斗力量，并且没有他们两人的软弱，斯多克芒明显地要胜过一个只有热心理想的人，他是真正男性的楷模。在易卜生《人民公敌》中，一个男性第一次仅次于一个女性，作为剧本的中心人物，作为一个不愧为男人的代表人物。

格瑞格斯"对理想的要求"包含良知，表现得那么明显，以致他所处的环境在我们看来几乎是非人性的，因为这缺乏共同的关心，阻止"要求"得到完成。虽然作为一个结果，理想与现实相互脱离，无法弥补，斯多克芒也决不放弃他的战斗，对未来抱有希望。不像格瑞格斯，他永远不会撤退。他觉得"在鸡犬不宁的生活中"最为快乐，"就在这里，在战场上！就在这里，我会赢！"他面对一个诽谤他的世界，但是他是个男子汉，足以明白不管怎样他已经产生了影响。

在真理的使徒与世俗的庸人之间有一条秘密纽带，斯多克芒在自信中拥有的东西，格瑞格斯在找到一个年轻信徒时也是有的。海特维格跟随他不是出于她自己的理想，而是让一只羞涩信任的手握在他的手里，因为她只是一个孩子。这出戏里有许多人物，不像易卜生的其他剧本里个人就是中心。有意义的是这里一个儿童人物跟早期的女性人物会合了，这样她在自己家庭的框架内才会真正被理解。但是同时她走出更为普通的人的圈子，带着个人对生命的热情与期待，因此成为颇有诗情的人物。当各方意见冲突闹了一阵最后静下来时，她的孩子般的声音温柔地但是清晰地压倒了一切。

海特维格是基纳的女儿，雅尔马怀疑她是格瑞格斯的同父异母的妹妹。在跟格瑞格斯谈话时，她幼稚地表达出一种艺术爱好，显然是从父亲那里秉承下来的。通过她画画的喜悦，说明她是雅尔马的孩子。这个闪烁的说法有意模糊了她的出身，把她置于一条和解的中线上，介于理想主义者格瑞格斯和因循守旧的雅尔马之间。根据她幼稚的看法，格瑞格斯不懈地向往真情，雅尔马追求幻想，这之间没有什么断层。雅尔马的家庭生活已经是他的生活谎言的外表特征，海特维格也在这样的家庭生活中成长。一个破旧的阁楼，中间隔一块粗布门帘，竟日发出贫寒的气息。一边是破布败絮，门帘已经磨得透亮，像一个幻想世界。在海特维格的幼稚喜悦中，这间看得见枞树、鸟、破篮子的阁楼充满诗意。她怀着信任与尊敬，欣赏雅尔马的豪言壮语，因为她对失望与谎言是完全陌生的。

她根本没有发觉这里面的虚情假意和人云亦云的老话，她看到的只是温情与真实，在雅尔马的灵魂里闪闪发光，就像偶尔照进阁楼的阳光，一缕缕照得房里的破布败絮也变了样。这还是她，细心依赖，知道怎样让他做到这些。第二幕第一场，海特维格把他的笛子带给了他，雅尔马吹奏音乐，似乎迅速摆脱了贫困的处境，长笛声立即把生活中的不和谐音压了下去。

如果说，在海特维格伟大的爱与崇拜中，也包含对雅尔马最强烈的挑战，要他变得勤奋，而不要辜负她的期望，这里也潜伏着对海特维格本人的危险。正是孩子般的依赖，使她的思想与希望都离不开父亲，依赖可能突然不再继续，就会给田园般的童年生活带来挑战与冲突。她想象中在父亲身上看到的光辉，突然黯淡了，陷入混沌黑暗，就像眼疾逐渐恶化，让外面世界的光明景象从此消失。然而还是毫无戒心，"高兴、无愁无虑，像只小鸟那么喊喊喳喳"，她"展翅飞入永远的人生黑夜"。

格瑞格斯向雅尔马透露了他的家庭情况，危险迅速暴露，出人意料地祸及海特维格。基纳以前做过商人的情妇，回顾前事会让人怀疑海特维格的父亲是谁。她被雅尔马拒绝，抛在一边，甚至一点摸不透原因是什么。海特维格失去他的爱后痛苦害怕，于是听从格瑞格斯的劝告，牺牲她最亲近的东西，这样重获雅尔马的爱。她要射击野鸭，她惟一的所有物，"她爱得那么焦虑"，在晚祷中也提到这事。

　　第二天，她拿了艾克达尔的老手枪，偷偷溜进阁楼，准备实行她孩子气的牺牲，这时却不可避免地听到隔壁房间里那场可怕的对话。雅尔马竟用根深蒂固的怀疑来对待海特维格的忠诚老实，这完全暴露了他可怜软弱的一面。她被迫听到他说已经不再爱她，还因她多疑多虑，她的生存将会阻止他的前景发展。当格瑞格斯愤怒地保护海特维格，雅尔马却提出一个讥讽的问题作为回答，选择商人去过奢华生活，还是选择雅尔马跟着穷上一辈子，海特维格是不是会有一分钟犹豫。

　　从阁楼传出的巨大枪声，立即对这个问题作出了回答。这不是对着心爱的野鸭，而是对着她自己开的。这是出于无助的焦虑和不可形容的痛苦而作出的回答——一个死亡的、令人毛骨悚然的回答。这还是一个决定性的明确的回答，宣布她是他的孩子，他的血缘孩子，不是别的，只是他的，带着她全部的孩子的人生直到死亡为止。同时，她的回答说明了她有不同的价值观，在精神上与格瑞格斯是相通的。

　　从野鸭到自己，从牺牲到自我牺牲，虽然海特维格年轻、富有朝气，这个出人意料的转折却不是不可思议的，事实是她看到自己处于一个充满危险的过渡年龄：青春发育，多愁善感，或者如瑞凌警告过的"开始变声的年纪"。

基纳告诉我们有关海特维格性格的若干事。在厨房她会莫名其妙地用烧红的炭灼伤自己，当火星四溅时她称为"烧房子游戏"，在她那个年纪还玩这类孩子的游戏，那就要严肃对待了。这种游戏预示火光与火星始终存在危险。生死攸关的决定性转折跟天真无邪是紧密相连的。就像春天，泥土松软，鲜花盛开，但在大地深处开始战栗震动。青春充满祥和的神话与理想，一阵风刮过，起初只像三月和风，轻轻抚摸紫罗兰，但是随后强风劲吹，很快便转成暴风雨，翻江倒海，树都被连根拔起。

在自然界，这时候珍贵的花梗依然被光和温暖的皮荚包着，当阳光渗入不多的细嫩花蕾，它们会开花。人的灵魂有什么在幻想时，必须予以最细腻的安抚与关切。在海特维格身上做的事接近粗暴，把细嫩的皮荚强行剥去了，那里面原本孕育生命，在神圣和保护性的黑暗中尚未出世。这好像伸出拳头，无情地抓住一个最为赤裸与无助的人，把他拉出来作为死亡的祭物。

不管怎样，事情的发生完全是无意的和不可预见的。海特维格生来实心实意，把那些空话与大话都奉为金科玉律。在这个世道的幕布后面，发生的都是经过精心策划的假枪击、假狩猎、假野生动物，她却以真正精确致死的枪击来予以回答。那支枪已经摇摇晃晃瞄准着老威利与小威利的胸脯，子弹却没有出膛，而在海特维格的孩子似的手里，在艾克达尔的神秘笼罩的一生中，完成了惟一严肃对待的和最终的行动。做这一行动的人，其天性恰像阁楼上的野鸟。即便这一枪不导致致命伤，她复活后的人生也只是像关在笼子里的野鸟，同样无比孤独。

即使格瑞格斯希望海特维格的死亡最终"会释放雅尔马心中的高贵品质"，她的枪声会打破空虚的戏剧世界，但这些希望都没有结果。她的死对他的影响不见得大于手枪尖锐的回荡声，一切就会很快消失，它在人的神经系统一时有过反响，但是无法改变任何人。大家禁不住会跟瑞凌一起预测，"不用几个月，小海特维格就只是雅尔马演说时候的一个美妙话题而已"。

海特维格的尸体也不会使两个根本不同的人，如雅尔马和格瑞格斯，紧紧握手，终身为盟。然而我们可以说她的自杀本身有一种意义，也包含了他们和解和交流的可能因素。

这次祭礼式的枪声掩没了格瑞格斯胸中尚余的激情——对人类的轻蔑和无以释怀的情绪。这好像海特维格希望提出证明，没有污点的格瑞格斯青年提出的挑战和忠告对她不是完全陌生和不可能的，她热诚地接待他，不是把他看做是一个顽固的狂热分子，而是一个愉快的使者。生活中的麻烦、负担和无聊慢慢地动摇和窒息一个人的精力和特性，使人变得装腔作势。成千上万正在发芽的种子萎靡不振了，才无可奈何盼望舒服的支架，人工助长也会引出解放的欲望。确实，一个人站直了时，也会产生自欺欺人的幻想，那往往只是同样期望的歪曲与塑造，犹同于寻求超出日常世事的污浊。奋发向上，追求真理与自由，正确地认识到借来的支架，只是断裂与残废的支撑而已。

若这样的话，歪曲与残缺中也有东西让人领悟和感动，如同一张五官端正的面孔上的变形部分。软弱和自我欺骗的雅尔马身上也有一些东西支配着他。在他的表情里，有些东西无法使他成为一个滑稽的角色，这一种表情引起我们的痛苦与同情。海特维格作为孩子有虔诚的信仰，她盲目地——神圣的先知可能也是这样——依赖父亲，年轻一生，直到死去，从中出现了表示人生悲剧的人物。

在这个意义上，海特维格的死亡对雅尔马和普通人来说，是反对格瑞格斯的严厉理想主义的明证。跟这些严厉理想主义并列的是她的一片信任，期待帮助而不是评判。她感人地用孩子的语言表达了这一切，对于格瑞格斯提出她希不希望走入世界自由地成长的问题，她回答说："我要待在家里永远帮助爸爸妈妈。"

实现自己最大的愿望不是解放自己脱离家庭圈子，而是静静地帮助家庭。这方面她像斯多克芒的女儿裴特拉，尽管她有强烈的独立性，她的最大的爱和愿望在剧终时总结为这声喊叫："爸爸！"那部剧本中的环境要求男人做主要角色，而在《野鸭》中主要角色是一个女性：海特维格。

虽然在易卜生的社会剧《人民公敌》中，裴特拉的角色不占显著地位，但是却有一种特色，也显出海特维格的重要性：裴特拉通过她对父亲的献身与勇敢支持，说明斯多克芒对人类抱着不可动摇的信仰是对的。

所以这次也是女性角色引出和带动易卜生早期创作中的基本思想，尤其通过对真理的全部了解和全部原谅的观念去调和理想与现实的主题。即使对真理的理想化要求体现在格瑞格斯身上，只有海特维格的生与死才集中了这些因素，一个抽象的梦变成人类生存中的一种动力。格瑞格斯只依靠自己，屈服在现实的力量之下，如同他的精神先驱布朗德。这里，也是孩子海特维格的声音，对格瑞格斯喊出的也是布朗德临终听到天上传来谴责他严厉的话："他是慈悲的神！"

带着这么一个阐述，从海特维格的自由奉献爱的角度来看，雅尔马对我们来说变得人情化了，而严厉可憎的格瑞格斯则成了一个理想人物。表面上雅尔马和格瑞格斯相互接近，但是那时他们走的方向则是相反的。虽然看起来雅尔马向上走向格瑞格斯，我们知道事实上格瑞格斯的道路往下走到雅尔马的水平。格瑞格斯没有能力真正填平他的理想的要求与人性之间的裂缝。他没有能耐了解和塑造他要改造的世界。这就是为什么格瑞格斯的纯粹理想主义是向着雅尔马的不诚实的夸夸其谈移近了一步的原因。

瑞凌战胜"狂热的真理要求者"，这说明了一种理想必须提出它的内在真实，尤其避免疏远生活及生活中形形色色的事情。简言之，说教者格瑞格斯老是喋喋不休对理想的义务，必须首先证明他知道如何带着他的使命成为人类的真正医生，而不是一个轻率的捣乱者。药可以是好药，目的可以完全出于好意，但是在一个没有经验的医生手里，也会出现危险。这带来的将不是生命，而是死亡。对理想没有动机和热诚，瑞凌——在格瑞格斯则不能够——把自己的工作比作医术高明的斯多克芒医生的工作，也就是说为人类服务的医生。虽然瑞凌的糖衣药丸和他不那么高尚的目的不能够用于治病，但总是可以达到掩盖外伤和表面消肿的效果。他比格瑞格斯得到更多的成功。"餐桌上的第十三个人"仅仅是个被人看来完全多余的人。

易卜生的格瑞格斯这个人物，通常被人批评过于抽象。这种批评是有道理的，这个人物代表了一个理想类型，如果剧作家用格瑞格斯的理想主义来验证自己的理想主义，这就会是抽象的。在另一方面，抽象的理想倾向恰恰表现得如同格瑞格斯的人性弱点，斯多克芒医生超越了这个弱点而更接近理想的人性。格瑞格斯的形象只是飘浮在生活之上，而不是根植于生活之中，他滑过了生活，走出了黑暗又进入了黑暗。这一切包含了易卜生对格瑞格斯所作的判决。

然而这就像他的五官相貌带着一种可怕的歪曲的相像性又一次出现了。这已没有纯真的热诚，而是经过漫长人生的沧桑而皱纹纵横的一张老脸；不再是格瑞格斯年少英俊时的面貌，而是走过漫长无用的旅程，风尘仆仆，蓬头垢面，一副流浪汉的样子。这个人物就是易卜生《罗斯莫庄》中的遏尔吕克·布伦得尔。

在易卜生的下一部剧本中，布伦得尔像格瑞格斯，是同一种心态的代表人物，为了在理想与自由的交界处漫游，他挣脱了理想收紧的短缰绳。格瑞格斯的生活不是有棱有角的，从纯粹的抽象角度来看，可以说体现了目前理想形式讨论中的女性人物的精神。就是这样，在布伦得尔无休无止的漫游中也反映出了吕贝克和海上夫人艾梨达的心态。

像格瑞格斯一样，布伦得尔年少气盛时，天真地把自己奉献给自由与真理的理想。像他一样，他逃离生活的喧嚣隐居起来，要为人类奉献自己。像格瑞格斯，他战胜了自己，回到真实的生活，在一个他看来充斥腐朽的世界里从事教育和宣道。为了献出他最珍贵的东西，他给自己安排了丰盛的祭礼。但是他经历了一些奇事，就像格瑞格斯要通过他的理想去改造雅尔马的家庭生活时一样。当他的理想与现实过于密切接触时，理想就在不幸的失败中蒸发。

布伦得尔希望到一家激进派报刊工作，与编辑进行一场谈话后，他感到失望。彼得·摩腾斯果的经验使他选择了谨言慎行的中间立场，他劝告布伦得尔，行动与成功的真正秘密在于"过没有理想的生活"。

然而，布伦得尔心中并没有想放弃他最珍贵的思想。就像格瑞格斯在他悲剧性的大彻大悟后带着麻木隐忍的心情离开生活，布伦得尔在他的最神圣的所有物毁于一旦后，心中渴望的只是虚无。

人生教育的效果，以及死亡的理由，若予以仔细观察的话，跟格瑞格斯的处境是完全不同的。通过他的理想与现实之间的强烈对比，格瑞格斯看到人没有能力提升自己，达到理想。由于这个原因，他放弃了战场。对他来说，理想的真理与纯洁丝毫无损，虽然还没有达到开花结果的程度。相比之下，布伦得尔的内在信任是动摇了。他怀着痛苦的嘲弄，要求罗斯莫施舍一些"破旧过时的理想"，就像早些时候他要求旧鞋了旧衣服一样。因为"就像我准备倒空百宝箱时，我痛苦地发现我是个破产的人……整整二十五年，我像个守财奴，坐在上锁的钱柜面前。然而昨天当我要打开箱子，取出宝藏时，里面已一无所有……没有，绝对是什么都没有"。

这样他的内心也变穷了，他像一个乞丐，无家可归，一蹶不振，外表上早已这样明显了。格瑞格斯虽然不受阻吓，但现在，也像以往，是理想王国内不听谏劝的暴君，试图用帝王服饰掩盖他的裸体和贫困。

这类的贫困对布伦得尔来说是难以容忍的。他的高尚思想使他不能这样活下去，因为贫困比脏衣服更使他感到奇耻大辱。他是由于这个理由而死的。

然而他破产之痛的最深层原因，是由于秩序混乱，东拼西凑、漏洞百出，这从一开始便在他的热诚中已有所表现。他渴望解放，追求真理，这其中有些什么使他冲动，固执己见，显得醉醺醺，步履不稳，给自己赢得流浪汉的雅名。

他的理想并不真正是丰富人生，也不是给创造性工作的乐趣提供强大健康的支持。他的理想不外乎是享受美酒佳肴。"你知道，"他对从前的教士罗斯莫说，"我有点贪图口腹之欲，一辈子都这样……我偷偷地看着自己狼吞虎咽，真是美妙无比，飘飘欲仙……如果我能够私下清清白白地享受，我何必要亵渎我的理想呢？"

在一个给他带来安慰与欢乐的理想的幻想世界，布伦得尔跟格瑞格斯相隔甚远，他叫人想起雅尔马。在布伦得尔身上，这两种人的典型结合得很好，具有深刻的意义。当它们缠结在一起形成单一的悲剧人生格局时，我们能够清楚地追溯到这些细小线索。雅尔马和布伦得尔可以说沿着纯粹理想神庙的两边走下台阶，而格瑞格斯则在里面当教士。在神庙的一边，我们看到一种理想主义，它不敢上升至最强最高，它不接受自由和真实生活的挑战，它找的不是神庙，而是一个提供庇护藏身的布景房，在里面创造一个装饰性的人工幻想世界，没有强烈的光或冷空气可以进入这半明半暗的角落。在那里，可以海阔天空地做梦。在理想神庙的另一边，对偏见提出的抗议，遇到自由路上的障碍和窄道，都只能走向流浪生活。理想主义真正还是在格瑞格斯的土地上诞生了，它拖着沉重的脚步漫无

　　／ 阁楼里的女人：莎乐美论易卜生笔下的女性 ／

目的地从一个观念到另一个观念，从一个冒险到另一个冒险，没有能力把自己带进严格的有限制的神庙地带，去当个神庙的祭司。

不但是内在的联系或隐约的关系，让雅尔马和布伦得尔出现在格瑞格斯身边是很有意义的，而且他们在本书讨论的六部易卜生剧本内都有一个非常特殊的位子。从一方面来看，这三人跟日前讨论过的人物都不同。首先不再强调他们的不足与缺点，即来自遗传的危害和传统的束缚，相反地它们都来自没有束缚和自由意志。在格瑞格斯对理想的义务中已有一些东西超过了娜拉和阿尔文太太的解放。与雅尔马走向自由的理想和弱点相对应的，不是通过呆板表面的强制，相反，通过他对伟大的自满与专制幻想，去塑造独立的个性。他没有严肃的洞察力。表现在他的自我放纵和滥用自由，而不是在真理已经很明白时，自觉严格地服从真理。

从这个方面来说，这三位男性属于舞台中央，好像两条线几乎不可觉察地交汇于共同的中心点。布伦得尔站在更远发展的门槛上，这个发展不论怎样都由女性人物接过来继续延伸。当"流浪汉—使徒"布伦得尔接替"理想严格的使徒"格瑞格斯时，他显然是这些女人的特殊伴侣，因为她们不像她们的前辈在阁楼和其他狭窄的空间，而是在摆脱镣铐和不受限制的野外得到教育的。从长期来说，她们追求的是一个相反的目标，不像娜拉或阿尔文太太，对她们来说，摆脱奴役不能成为理想的诱因，因为她们为了发挥最大的潜能，需要更大的栽培和约束。她们失控、翻滚、原始的精力与激情需要调节和控制。如果她们的前辈首先完成的是通过解放取得内心完全的胜利，而这时自我充分发展的胜利表现在顺从与自我牺牲上面。

大家或许注意到正是这些摆脱镣铐的女人，她们爱的力量与使命必须采用的表现方式完全不同于她们的前辈。

娜拉和阿尔文太太也爱，她们都很不幸福，但是她们的最深层动机起于迷惑，对情人的错误崇拜，对他的和她们自己的理想人生的观念混淆不清。为了获得自由和对真理的理解，她们必须斗争，造成自己也剥离了这样的爱。看了易卜生后来的女性人物，相反地，我们看到在她们的爱情中神圣的纽带第一次松散了。这些女人在牺牲自己的时候才达到自我意识和自我控制，男人是她们爱的对象，她们不把他理想化，但是她们把自己的爱理想化了，在跟这个男人和他的人生观接触中，她们依然模糊的理想蒸发了。

在这些完全对立的女性典型之间的区域内，在她们的发展道路之间的区域内，我们看到了小海特维格坐在格瑞格斯的脚下。从远景来看，她跟娜拉和阿尔文太太是有关联的，因为她也是从狭小的阁楼里冲出来的，她携着格瑞格斯的手大踏步走向另一个住宅。如果海特维格不是一个孩子，她就会有意识地从她周围的男人中间解放自己，如今她以死亡才摆脱了这个小圈子。她的行动好像一只野鸟出于本性而采取的行动。

但是她依然是个孩子，这就是说她只能在父亲的羽翼下和对父亲的一片爱心中体验自己的成长。海特维格的态度处于一个朝向易卜生下一批女性人物的转折期。她为爱所作出的牺牲变成了她孩子身份的缩影。这个新的发展线路会引向哪里也就变得清楚了：不是解放自己，而是奉献自己。

海特维格的第一个代表人物是吕贝克。

第四章

吕贝克
《罗斯莫庄》

是你跟着我呢，还是我跟着你?

———吕贝克

我们一起去，吕贝克，因为我们俩现在是一个人了。

———罗斯莫

她出生在芬马克高地。她生来就是大地上的一个自由精灵，大地上不可预测、突如其来的风暴使社会行为准则显得可笑。因而她也是热情顷刻奔放，瞬息而过，在传统范围外生下来的孩子。本地区助产士甘维克太太，跟路过的维斯特医生一时调情，而后生下了吕贝克。母亲过世后，她由维斯特医生抚养，在他营造的自由思想气氛中接受教育。她的出生秘密被隐瞒了。后来她长大成为一个迷人强壮的女孩。她也误陷入她的母亲与父亲的那种亲昵关系之中。

　　吕贝克在青春年代所受的影响，跟娜拉和海仑·阿尔文的成长形成鲜明的对比。妨碍她们发展的日常偏见对吕贝克来说是陌生的，娇生惯养和关爱备全也是如此，正是这类保护让娜拉那么孩子气就走入婚姻。她天真未凿，带了她对父亲的崇拜——如同一种温柔的无意识的理想——转化为妻子对丈夫的爱。这不亚于内心的出发点，在她后半世时期的成熟发展中形成悲剧性冲突，她努力进入自己的内心，排除她教育中的不足与扭曲。从最深层的意义来说，孩子般的天真是让她摆脱幼稚的力量。关于这一切，在吕贝克青年时代的粗暴经历中是没有位置的，甚至天生的孩子般的虔诚也在她心中转化成感官的觉醒。在《玩偶之家》，被爱的人上升到几乎是被崇拜的父亲的地位，而在《罗斯莫庄》，父亲沦落到爱人的地位。

在《群鬼》中，阿尔文太太遭受到毁灭命运的爱的奇迹，又是什么最终让她带着平静的尊严重新抬头呢？这不是单单对自由与真理的激情与期望，而是她的精神力量，以及把自由与真理融入了一种理想，通过理想她牺牲所有的个人幸福，是为了过上真正的生活。在阿尔文太太和娜拉的解放中，自由与真理意味着最高的目标——一个高峰，而在吕贝克的青年时代，是由平坦丰饶的大地表示的。在这块土地上，她的一切冲动激情尽情宣泄无遗。在她们的内心还是存在这些特征，在价值上没有区别。天真自我，野性无辜，就像天堂中的亚当，那里人与动物共同生活毫不感到羞耻。在那里以自我为指导的压倒力量还是陌生的，无意识的。明白了这点，就可以解释，吕贝克早年生活和精神中，最不能相互吸收的因素——本能虔诚的感恩和感官的早熟——绵羊与狮子却天真地联合在一起。此外，她通过强烈的自我寻找的能力很早让自己挣脱了锁链，她依靠做女儿的温柔耐性忍受一个继父和他的任性，减少他的痛苦直至他死去。

维斯特医生过世，迫使吕贝克为自己的命运去注意外部世界，因为她继承下来的只是一只装满书的旧箱子。她带着自信与勇气去寻找工作。在她面前打开的大世界没有吓着她，只是激励和加强她的能力。因为她知道，在命运的战场上要占据有利的位置必须强大、不贪玩、不畏惧。这样她几乎立即赢得一位有影响的赞助人克罗尔校长的友谊。他带她到他的妹夫罗斯莫牧师的家，去照顾克罗尔生病的妹妹碧爱特。然而克罗尔没有注意到他自己与吕贝克的豪爽天性的差别。他只觉得她是个正直强壮的人，与他很投合，她的性格完整和身体健康都建立在自信自立上，两人都有充实的力量，缺少的是细腻的感情。

但是恰恰是这种毅力，使克罗尔对罗斯莫庄有长远的影响。自从结婚以后，罗斯莫对他言听计从，就像他童年中，激进的自由派、想入非非的理想主义者遏尔吕克·布伦得尔做他的短期家庭教师时，对于完全相反的精神与意志都接受了下来。罗斯莫忠诚地遵守法律与习俗，促使他去适应祖上留下的残余意志，这妨碍他的独立发展。挂在墙上已故的贵族肖像画凝视着他们活着的后代，所以罗斯莫的人生主要还是在死者的审视下，对死者的默哀中度过的。他的内在力量从来没有唤醒过他，去做个平等于或优越于祖先的人。在他们的压力下，对祖训毕恭毕敬，精神脾性温文尔雅，犹如敬挽的花圈，严肃的子孙后代，是专门给可敬的死者肖像鞠躬行礼的。

吕贝克一脚踏进罗斯莫庄的领地，认为要在这里当家做主是很简单的。在她的个人作风中有两种力量，克罗尔的贵族式力量和布伦得尔的茫无头绪的知识型倾向，罗斯莫都心悦意诚地服从。在这个意义上她成功地影响他，控制他的意志，激励他的想法，也同样赢得他妻子碧爱特的心。碧爱特细心敏感，是罗斯莫的女性对立面，她对待吕贝克，甚至像自己"陷入了爱河的边缘"，吕贝克完整的个性散发出自信与无限的力量，她觉得自己完全被压倒了，仿佛只会张口结舌，无助地听任她的摆布。反映在她的思想上的不是爱的吸引，而是受了催眠，不是通过劝说，而是通过启发后服从。此后，这样的关系没有改变，即使当吕贝克的做法使碧爱特感到伤害、嫉妒、恐惧时也是如此；她对这个温柔胆怯的女人拥有无比的优越感，可以使爱与恨都维持不变。

吕贝克心中潜伏着一种野性，就像静止时渴望着捕猎的猛兽。目前她对自己心满意足；从她自由满足的权力流逸出一股清新之气，吹过阴冷的罗斯莫庄，带来了生气与陶醉。她的影响就像她带进这些老式房间里的茂盛的装饰性花束，令人直接感觉到它发出的香气。她确实也试图用盛开的花束来遮住砖砌的又大又笨的炉子，它令人不快地想起雪与冬天。她的花颜色鲜艳生动，气味温暖幽雅，像吕贝克自己对罗斯莫和碧爱特产生不同的但明显的作用。花神秘地吸引他，几乎是在预示今后会有一个更快乐、更有色彩的生活；而对碧爱特则效果相反，她感到迷惑，惊慌失措，最后这些花使她病倒了。

突然发生的一桩祸事，破坏了吕贝克的宁静。她迷上了罗斯莫，热情一来，不可收拾。就像她描述的："像海上风暴打在我的身上。很像北方冬季骤然袭击的那种。它把人裹住……卷走……卷得多远就是多远。没法儿抵抗。"

她出生时的命数，成长的环境，青年时代的沉闷气氛，早年经历连同其中的牵连与后果，现在都掀动了。天堂般的天真无邪、和平安宁——羔羊与狮子躺在一起的情景——现在都起了变化，随着热情的风暴，旷野里充满了恐怖与危险。没有自知之明的人处于这样的险境，对这种挣脱锁链的力量也不具备掌控的信心。吕贝克内心还存在的惟一力量就是掌握方向、自省、自我控制。虽然她在一切方面都很强，但是面对自己身内爆发的力量却无能为力。

所以她的热情不可阻挡地奔泻，凭自己的本性无法抑止。她原先专心要对罗斯莫保持影响与地位，从精神上去解放罗斯莫，现在变成从热情上去征服他。显然有两件事把她与她的爱隔开：他的上帝与他的妻子。

　　无论如何，敦促他脱离宗教信仰成功以前，吕贝克利用事先策划的变化，目的是引起碧爱特的不信任和忧虑。既然罗斯莫对他青年时代的信仰会不忠实，不由人不对其他事引起更大怀疑，就是他也会对自己的妻子不忠实。为了让这一切来得不但自然，而且还说明他这样做理所当然，吕贝克在碧爱特的手里悄悄塞进一些书，书里说到幼稚会破坏内在的意识和婚姻的理由。碧爱特无力保护自己去提防吕贝克的明枪暗箭，感到痛苦和受罪，但是却不由自主地跟随吕贝克，直到精神完全崩溃，丢掉了她掌握的惟一武器——丈夫的感情。她鲁莽自责，痛苦号叫，为了强迫他回心转意，带着不近情理的热情死死盯住他。丈夫对痛苦和不理智的做法原本嫌弃，她这一切行为更加深他的反感。

　　在这样的情况下，碧爱特爱情中原本无私的纯洁，扭曲成了鲁莽与痛苦。吕贝克显得容光焕发，热情机智，她知道罗斯莫的目光已经含情脉脉地在她这张脸上停留了下来。她虽然没有力量掀起他的激情，还是有足够的理智表面不露声色，更接近她的目标。这是贪婪的动物在猎物四周布下天罗地网的天然狡计。她施展诡计天衣无缝，在冲动下采取了一连串行动。她像旋转的海水，在地下冲出一个空洞，把附近一切都吸了下去。水面上可以说什么也留不住，水情也不会缓解。她自己也失了舵似地乱转，像个吓得麻木的人，听任自己四处漂流。她几乎成了一个客观的旁观者，看着她的热情汹涌泛滥，处于大家同归于尽的危险。所以她拼命挣扎，像个要溺毙的人。好像带着碧爱特在一艘正在下沉的救生船上，她说："这像是碧爱特和我在船上打仗。"

她带着一种盲目的不可抗拒的需要在行动，或者说得更确切些，一种内心冲动自个儿在行动，就像她对碧爱特说发生了一些事逼迫她立即放弃罗斯莫庄的工作。缠绵病床的碧爱特深信吕贝克已经夺走了她的位子，得到了她因婚后没有孩子而遭遗弃的保证，在这次最后的冲突中只能靠自己拿主意了。

她只是对她的校长哥哥指出："我不久就要死了，我现在已没有多少时间了，罗斯莫一定会尽早娶吕贝克的。"她在病中胡思乱想，但心地还是善良的，竟然说服自己给他们俩让出位子。早年的家教和严格的宗教信仰已经清除一切带兽性的欲望，她对吕贝克感觉不到仇恨，也不欲图报复。无助地，静静地，她带着极大的宽容与宽恕过着遁世的生活，最后投入水沟自杀，以示她对敌人的无声抗议。

虽然很难说是吕贝克工于心计促使碧爱特死亡，但是也不能说这没有一定的根据。罗斯莫对不幸的碧爱特怀有深刻的同情，相信过早带走碧爱特的是疯病，但是经过那么多年的痛苦以后，她的逝世同时又使他松了一口气，感到解脱。忧伤激动过去以后，他又生活在跟他的天性相合拍的静默中，但是这不再是早些年代的令人沮丧、死气沉沉的静默。现在静默中充满一个表面喜气洋洋、活泼生动的精神，一切压抑的约束对他来说都慢慢解开了，就像从前他毫无保留地跟随克罗尔，现在让自己的意志与精神从属于吕贝克，比听从布伦得尔的教诲还热诚。吕贝克注意到他的幸福与命运都取决于她，为了让他过上新生活，不动声色地做出一桩桩坏事，她的一切希望眼看将要实现。罗斯莫成为一个自由思想者。他放弃布道师的职务，准备凭着吕贝克的帮助，把他解放的好消息带给大众，让他们高尚和快乐。

与此同时，吕贝克对罗斯莫崇高温和的想法产生潜在的影响，以致慢慢地她的热情平静下来，也不再痛苦地急不可待。她站在罗斯莫的一边也不是徒然的，因为她的指导，把他心中无拘无束无目的的东西，都不由自主地转变成一个积极的理想和一项热诚的使命，目的是给人民带来帮助、快乐和和解。在他们每日生活中，他的灵魂向她开放也不是徒然的，交换内心的想法与波动，"他那么柔情蜜意"。偶尔她也会遇到怪事。

"虽然那么慢，还是发生了。几乎不被觉察，但是最后实在难以阻挡，钻入到我的灵魂深处。"她看起来像个猎人，勇敢地追赶它的猎物，现在猎物就站在面前，显得娇弱美丽，猎人伸出的手臂慢慢放下了。猎人不声不响很感动，站着纹丝不动，直到贪婪的要求转为感情与崇敬，渴望的目光变成无声而深邃的注视。

吕贝克就是这样，她要偷的是这个高尚、不懂狡猾的灵魂。她有了另一种爱，不是早年感官的贪图，但是有时这个要求也同样强烈，她对这个男人孩子般的灵魂有一种深刻的不可征服的热情。他的软弱让她知道传统与偏见如何使人丧失力量，所以她第一次看到，当理想的力量压倒较为粗俗的激情时，一个人会完成他的内心的崇高。吕贝克是不受束缚的自然之子，耳际听到的都是从精神旷野传来的声音，就像江河大川的咆哮，现在突然响起了精神生活中的雅音，听在耳里跟心声是完全和谐共鸣的。

像出自她灵魂深处的一个诱惑的回声，感人肺腑，把她吸引住了。犹如从暴风雨的大地上传来风神的竖琴声，听在耳里如同天籁。"激动的情欲一下子归于沉寂……至乐的和平降临到我身上……宁静，像我家乡的高山在午夜太阳的笼罩下的那种宁静。"

她和平安详，以前如同旷野一朵未经触动的花朵那么盛开。但是现在她的意识觉醒了，接受了花与兽的自然生活。一种不可忘怀的印象像奇迹似的把她升举到人性的高峰。她在这座寂静的山峰上，独自默默庆贺的是自己意识到这种人性的超然，以及理想给她带来的全部力量。

她要控制和占有罗斯莫的欲望已经消除，她生活的意义与目的变得动摇不定。她一度热烈盼望的东西，几乎不再是她的希望了。这转化成为胆怯与沉思的忧郁，她带着这份忧郁谦卑地等着，看罗斯莫会不会跨过水沟中的那座坟墓来到她那里。

第一幕开始时，易卜生的大手笔展露了罗斯莫庄的全部情景：吕贝克坐在窗前，带着怯生生的期盼凝视着罗斯莫，他正沿着磨坊的路向房子走来。她膝盖上是她正在编织的一条羊毛披肩，再差几针也就完成了。长时间内她一直一针针地勾着，决没有想到她正在做的正是自己的裹尸布，将在她死的时候给她披上。这是她一生工作的象征。她怀着一颗痛苦的心已经看到即使那个时候，罗斯莫也不敢跨过水沟上的那座小桥，他绕道而行了。他全身表示犹豫不决。因为他对神诚惶诚恐，左思右想，感到害怕。由于这个原因，吕贝克嘴里不由漏出这样不安的话："在罗斯莫庄，对死人也会纠缠很久！"

乡下有一种迷信，这反映在女管家海尔赛特太太嘴里这声不吉利的回答中："我相信这是死人在纠缠着罗斯莫庄！……是的，是的！死人就是好像撇不下留下来的人！"

这种话就像是一个鬼的预言。对于罗斯莫优柔寡断的弱点，吕贝克只能对以沉思的忧郁，而这也是出自一种迷信说法，死者的遗像都具有一个越来越近、不可躲避的魔力。溺死的碧爱特就像事故中产生的影子，鬼魂似的飘来飘去，像魇梦中的幽灵压着人的心头。

确实，罗斯莫庄的悲剧一开始就进入了戏中，这是随着碧爱特的影子而来的，可以恰当地称为"碧爱特复仇记"或"碧爱特回魂记"。在迷信这个情节上，从词句使用来看，这里面的内容后来又反映在吕贝克精神的可悲遭遇上。

吕贝克的行动像个强者带着粗暴的权利，一拳头把毫无防御、俯首帖耳的碧爱特想都没想就打垮了。碧爱特不但必须放弃幸福和她的领地，还要按照吕贝克的安排与希望，给她打开罗斯莫的灵魂暗室，他的最隐秘的精细人生，这使她的离去有更深更广的意义。此外，她还让我们从一些外界事件中，看到吕贝克通过罗斯莫的影响，在她自己的野性热情中也糅入了碧爱特的温柔大度的做法，这从两重意义上代替了她。死者也留给她一件最后的神圣遗物：碧爱特允许吕贝克全面填补她留下的空位，包括一切的内在后果。

当吕贝克准备接管这个位子时，她正在失去早期的旺盛精力。当一切武器——为了幸福巧取豪夺——从她手里放下时，她取胜以后很难心安理得保持镇静。她不再需要披坚执锐去做什么事，对自己的所作所为也不放在心上，只是在这个特定的含义上能够快乐。但是现在那个从前的自己又完整无缺地出现在她面前，这些丑行使她内心充满惊恐，她必须推开它、摧毁它，因为它是针对她而来的。总之，碧爱特要是现在回来，她也会看到吕贝克毫无防御，听任她宰割。

吕贝克曾经心花怒放，踌躇满志，现在这对她的命运产生了不利影响，再也无法在自己的地盘上站稳脚跟。异质的理想深深吸引她而摆脱不开。她又不能把这一切吸收而给自己的个性有一个必要的发展，因为在她的个性成熟定型以后，才对她进行了袭击。她的发展和过去都已落在她的后面，一切以前受到忽视的更强烈更高尚的激情，被她压在心头，现在进行报复了。这有点像是命运的安排。当这些消失的理想出现在一个异质的前景中，而不是作为她的生活自我塑造的一部分时，她不可能想到去实现它们，除非有一种异质的方法。由于这个原因，形成了她的病态与软弱，因而燃烧在她内心最高尚的神圣热情，也意味着是一种悲剧性的热情。

通过他们的相互影响，罗斯莫和吕贝克交换着最珍贵的爱情礼物，然而这是致命的礼物。他们不能够完全相互接近，相互补充，他们只是相互毒害。对于罗斯莫来说，假设的解放力量一直是一种梦的幻象，这不生活在他的内心，而在他旁边的吕贝克的脸上。对吕贝克来说，罗斯莫庄的精神决不会成为她自己生活中的健康精神。这只可能偷偷潜入她体内，好比有些东西没有力量充实她，有机地改变她。这像一个无血的鬼，一个异质的精神，像碧爱特的精灵在她的体内咆哮。死者不能在她体内担负生命，只得像冤魂似地存在，吕贝克早期自信坚强，有能力把它拒之门外，然而这个存在却夺走了罗斯莫的安宁和健康。

这类必然的内心悲剧反映在海尔赛特太太说到碧爱特回魂的迷信话题。她刚把那些话说出口，就召来了鬼魂的第一名使者——碧爱特的哥哥，克罗尔校长，不知情地闯入了悲剧。

自从他的妹妹死后，克罗尔有一段时间没有造访罗斯莫庄，因为他不希望别人见了他想起可怕的自杀。或许可能他有一种更确定的感觉，甚至比罗斯莫还确定，碧爱特的自杀到头来对罗斯莫是一种缓解和解脱。尤其从他第一次谈话中得知，罗斯莫和吕贝克明显地做过一些事纪念他的妹妹，他听了真诚地感动。但是当他要求罗斯莫出山共同办一份教会报纸，急于跟他重修旧好时，克罗尔第一次看到罗斯莫的想法完全变了。这样改旗易帜，临阵脱逃，在克罗尔这样一个人看来，必须与他的妹夫一刀两断。他又一次回想起碧爱特临死前对他说的最后几句话，心头浮起疑虑，吕贝克是罪魁祸首。现在他知道罗斯莫不再是一名信徒，他也在猜疑他与吕贝克的关系，并公开说了出来。

罗斯莫虽然愤怒地否定克罗尔对碧爱特跳入水沟自杀的说法，但这在他的心中依然产生可怕的印象。他第一次想到她跳进水里可能不是由于疯病，而是由于又惊又疑的折磨。他心神不宁，时不时对着自己念念叨叨，想象她孤独中的怨恨和斗争，她为了他心甘情愿牺牲自己去死，在这种情况下，吕贝克在他心中培育的一切洒脱和生活精神都岌岌可危了。当她看到、感觉到即使她的影响也在他的病态的自我折磨前萎缩时，她也慢慢感到心寒战栗。过去的事又重新提起，出现眼前，不但出现在她自己痛苦的回忆中，还出现在罗斯莫由畏惧引起的种种幻觉而滋生的怪象中。怪象用他的声音说话，她通过他的眼睛看到的。

现在她感觉不到悔疚的痛楚。她一心一意想的不是悔疚，而是去习惯新环境和意志的衰弱。当她觉得感官的热情衰退时，她不是变成了一个后悔的人或有罪的人，而是变成了一个精疲力竭、受苦的人。当转变成为真实的转变时，内疚才会是诚恳的内疚，对行动才会有进一步的后悔，虽然一个人的注意力依然被它吸引着。但是吕贝克没有真正转变成另一个新我——只是她的旧我软弱了，通过一个外来精神的魔力把自己异化出来了。她有着"做鬼的恐惧"，看到自己死亡的恐惧。这不是变化的症候，而是个性的瓦解。

正是这件事使吕贝克与罗斯莫的关系毫无希望弥合。他粉碎了埋葬旧事的可能性，要么罗斯莫庄的精神力量灌注到她的身上——那时她会遭受自身毁灭的恐惧，要么她能够克服一切事，通过爱争取好运——那时她又成了从前的吕贝克。只有作为从前的吕贝克她才得到占有健康、欲望和生活的时光，通过这些时光她摆脱无所事事和沮丧的泥淖。几乎到了最后，尽管她改变了心情，生活积极，语言生动，从前的自我中的某些东西还是时有表现。当罗斯莫最后向吕贝克求爱，最终决定"以充满生活的现实去抗拒死亡的过去"，让自己从自我折磨中解放出来，那时我们看到两个截然不同的现象。首先他冲口而出的是欢乐的叫声，但是那时她嘴里好似自发说出的则是"不"。她已不再能够幸福。她挥起粗鲁的拳头去抢夺幸福的这种勇气已经失去，甚至连伸出颤抖的手去把幸福作为礼物接受的力量也没有了。

那时候，碧爱特的报复已经完成。在吕贝克的力量曾经战胜的战场上，碧爱特显然已经完全撤出营盘，却叫吕贝克悄无声息地困在里面。然而吕贝克站在那里没有了武器，因为在这无私奉献爱的神圣殿堂里是不贮藏武器的。

但是这不是碧爱特获得的最后满足。吕贝克不但完全被征服了，丧失了能力，她还要自愿投降，承认失败。

在罗斯莫求婚后，吕贝克看他自责得更加厉害，脾气更易发作。她必须听他诉说郁积在心里的自我怀疑，主要是他对她的爱从友谊刚开始时已经隐约存在，碧爱特的病中预言说得千真万确。所以说到头是他的无意识的同谋关系驱使她走入死亡。吕贝克看到罗斯莫的无辜和他的孩子般的精神折磨着他，种种假想的罪愆又成了她个人的负担，她决定救他，向他开诚布公忏悔，这会让他找回一颗安静的良心。同时，这份忏悔的目的用来证明他对她的影响如何高尚，他对人的教育又如何有效。

吕贝克在这里显得不可思议地变成了一个碧爱特，而不是最终牺牲自己投降。这里有两个截然不同的人物。她的行动的无私性反映碧爱特的心，但是把自己灵魂内一切丑事毫无保留地对情人披露，这是温顺胆怯的碧爱特绝对做不出来的。她可能会委屈自己编造一些自己没有犯过的罪，而不是这样披露一件真正做过的事。只有在吕贝克心中——早年蛮横的吕贝克心中——这种忏悔的英雄行为才会发展成一种爱，这种爱比谦逊的爱更加勇敢强大，还那么无情，以致会挖出灵魂深处隐藏的秘密，赤裸裸、活生生地展现在人前，而目的是拯救另一个人的灵魂。大家可以看到，一旦吕贝克失去她的被动性，重新活动，她自己与碧爱特的区别又会重复出现，尽管吕贝克已经改变了想法。

在她忏悔后，罗斯莫的希望与信仰都崩溃了，一时心慌意乱，对她的行为不能够作出实事求是的判断。回顾过去只有使他惶惑。因而，克罗尔的影响又得到发挥，他成功地让罗斯莫放弃他所有的解放计划、思想，回到从前的朋友身边。但是正是这个情况，使得罗斯莫更深切地感到，他所设想的力量，也即是他的感情，是完全植根于吕贝克身上的。他梦想的自由归根结蒂不是别的，只是更加依赖她。

由于这个原因，罗斯莫从克罗尔和他的朋友那里回来以后，吕贝克起初对他轻视与责备，最后转变成了失望。罗斯莫看到他对她没有信任，会失去主心骨；不久他不但绝望地还眷恋地请求："我怎么能够充分完全信任你呢？"她没有提醒他，在她自我牺牲的忏悔中绝对证明她改变了主意。为了自愿快乐地恢复他能够促成大家变好的信心。她准备做他希望她做的任何事。她知道他也处在同样痛苦和不可忍受的冲突中：他远离了从前的旧我，又无力让他的新我投入到完整的生活中。

当他们谈得又难过又热情，陷入怀疑与绝望时，这已很明显是他们自己相互把对方推到一种病态的情境。当罗斯莫突然提到这个想法：只有一件事可以恢复他对吕贝克的信任，就是她快乐自愿地去死在水沟里。当他带着恐惧绘声绘色叙述她怎么站在水沟闸门上，犹豫颤抖，愈沉愈低，这就像高烧中的幻觉一样触动我们。他带着他的这种粗暴的自私，让我们想起吕贝克本人也是希望碧爱特去死的，这看起来就像她的狂想也传染到了他的身上。但是这种相似性不是没有根据的，不但由于他们相互感染，也由于都建立于一个受伤的意志的自私上。对其他人以及他们的支持没有信任或者没有保存自我的激情，自私是不会存在的。在一个没有羁绊和分裂的心里，自私也是不可能存在的，他对吕贝克的真正的爱暂时退避在这样的心里。甚至他追求吕贝克的方式也说明了他意志的持久软弱。他要求一个可以杀死过去的新现实。一个更坚定的意志首先是可以建立在一个已经死去的过去上，而不需要利用爱作为滥用新生活的一种方法。

无论如何，对于吕贝克，为罗斯莫而死只是一个轻易付出的牺牲。为了他和她的内心平静，她已经死过一千多遍了，那时她为了他贬低自己的生活，却遭到他的轻蔑。这对她是非物质性的，不论波浪是否淹没她的没有价值和失去灵魂的生活。在吕贝克此时的恬静中也包含着一种冷漠，那是患上不治之症的人才有的，她凝视着自己的死亡，此外她的意志由于受到罗斯莫的影响已经崩溃。

看到她乐意要在他眼里拯救自己的声誉，罗斯莫却失去了他的奇怪荒谬的幻想。当他又得到信仰时，爱也冒了出来——他的摇摆的自我就是以这个爱跟她连接的，没有她怎么还能够有一点热情呢？他只能跟随她，即使是进入死亡。值得一提的是，在死亡的那一时刻，他们相互的爱凯歌高唱，使他们永远结合到了一起。这个时刻，他们理会到在萎靡、彼此感染和虚弱之后，他们都完全没有能力继续生活了。他们紧紧拥抱在一起，谁也离不开谁，纵身跳入了水沟里，死亡对他们来说只是内心活动的过程完成后的外在反应而已。吕贝克很清楚，这个结论明摆着不是出于一个健康的不可避免的决定，而是他们最终撑不住而陷入的病态与精神错乱的最高表现。

"要是这一切都只是一种幻想，就像罗斯莫庄里的一匹白马呢？"吕贝克说。罗斯莫同意："是这样的吧。"

那时海尔赛特太太和郊区讲究迷信的人有理由认为："死去的妻子把他们带走了。"

他们的意志与性格中这个有毒的致人衰弱的爱是自我瓦解，这点愈明显，迷信的恐惧对他们病态思想的影响也愈大。在这样的过程中，即使头脑清醒也改变不了内心这种需要，病人必然在他的致死的瘟疫中倒下，虽然他能够分清他高烧下的幻觉与现实。

于是就发生了这件事。这些女性人物中最坚强和最敢作敢为的一个，却像她们中间最幼小、最孩子气的人那样了结一生。虽然尚有一个区别。在海特维格身上，两种动机是结合的，而在罗斯莫和吕贝克身上却是各有各的动机。一方面是在一个极端崇拜的人身上产生的致命的幻觉破灭；另一方面，则希望通过死来证明爱，在这个人身上恢复建立她的自我信心和信仰。从易卜生一部又一部的戏剧来看，这些思想是交织在一起的。吕贝克与海特维格之间的对比主要表现在这件事上，吕贝克的爱完全依赖于罗斯莫，因为她丧失了自我，而海特维格如同一个孩子还没有获得成熟的独立。她的死是因为她还没有进入自己的生活，吕贝克的死是因为她不再有自己的生活。海特维格一生发展的开始与结束都在童年时代，吕贝克个性的显著特点是早年的力量促成她女性意识的开放。

有意思的是，吕贝克的死直接跟随在布伦得尔的后面，那个从不受拘束和顽固的老家来的同乡人。两人都接受了生活本身固有的礼物，却遭到过于重大的损失流血而死。他死是由于他无力量的理想，她死是由于她无理想的力量。布伦得尔是在与对手斗争和争执中倒下的，而吕贝克是在向对手作悲剧性投降中倒下的。布伦得尔作为一个男人，因为把旗帜丢失给了敌人而自杀；吕贝克作为一个女人，因为内心的冲突与对他的爱而被征服，把自己牺牲给了敌人。两个人不管怎样都为自己的野性与不受束缚而付出了代价。布伦得尔的理想过于丰富，吕贝克的力量过于旺盛，都无法拯救他们自己，就像吕贝克不能控制自己的力量为理想服务一样，他也不知道如何用自己的财富去控制生活与现实。他漫不经心地分散和浪费最珍贵的种子，而不是通过耐心工作去收获它们的果实。

我们不要希望他有克罗尔那样的勤奋。如果说克罗尔显得像个传统的狂热追随者，经常遇到偏见与限制，他对世界也有一种强烈统一的看法，这激励他的热诚、理想和从事创作的毅力。他播的种子在地上长了根，因而理想与现实都成为有机长成的果实。这使他像一口当当响的钟那样感到自信。克罗尔和罗斯莫都是传统的代表人物，在他们身上都蕴藏一种力量，布伦得尔和吕贝克都没有这种力量，就无助地崩溃了，这是"理想教育"的力量。

当布伦得尔失魂落魄时，他无意中给理想教育的力量提供了证明，吕贝克准备承认在她自由时错过了一个理想时刻，所以她不能自己提出什么来解开罗斯莫与传统的纽带。所以他的理想跟她个人完全格格不入，使她感到难受。她用编织和染色来支付这个代价。当她自己也患上这种病，用她自然强壮的灵魂去交换一个温柔高贵的灵魂时，她永远把自己的世界跟罗斯莫的世界联结在一起了。反过来，罗斯莫没有能力吸收她的自由天生的力量，在内心融合这些对立的东西，他于是也把自己捆绑在了吕贝克身上。虽然他们的死亡是由于他们的盟约，虽然死亡是可以给这个不可调解的盟约祝福的惟一祭坛，罗斯莫娶了她："吕贝克——我在这里把手按在你的头上，你我正式结为夫妻！"

在这最后一张画中，他们瞄准的远远超过自己的必然悲剧和个性融合，不管怎样他们瞄准的是这个事实：在障碍重重的世界和自由自在的世界相互渗透、彼此和解的某个地方，必然会有联合，完成连接。不再有两人的争执，不再有推动两人回到各自阵营的诱惑，没有胜利，留下来的只是纠缠不清的你中有我，我中有你——婚姻。

吕贝克感觉到了事情的神奇：自我顺从和自我保存——这些折腾她内心的矛盾与破坏力量——现在变成了相互信赖和解放：他们成为不可分离的一个人。

"是你跟着我呢，还是我跟着你？"她在死亡的门前问。"这个问题我们永远不会看透的，"罗斯莫回答说，"我们还能弄清这个奇迹么？"但是他感到安慰，拥抱她因为他知道他们的人生之谜已经找到了解答，虽然这个解答在死亡中才会显现："我们一起去，吕贝克，因为我们俩现在是一个人了。"

第五章

艾梨达

《海上夫人》

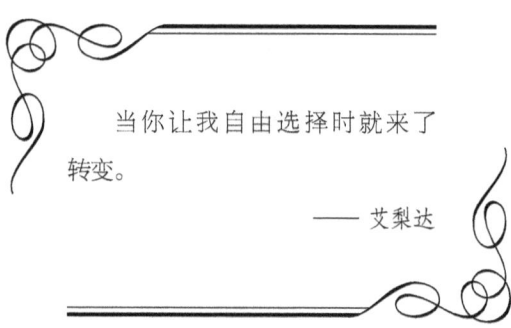

当你让我自由选择时就来了
转变。

—— 艾梨达

在《罗斯莫庄》里，感染、生病、死亡是吸引、爱、背叛的同义词。因为在它们后面潜伏着本能与秩序、自由与奴役、自然世界与阁楼之间的矛盾，除非他们不再是通过敌意和争吵，而是通过他们和谐的悲剧给他们的不能相融提供了证明。事实上，自我牺牲与沉沦不可避免交汇在一起的不和谐，比娜拉和阿尔文太太为了解放而进行的撕心裂肺的斗争更为痛苦。

　　吕贝克选择自我牺牲从而选择沉沦的同时，她竭力拼凑表面上支离破碎的因素，准备超越单纯的矛盾而实现自己的爱与死亡。由于她的力量受到爱的破坏，她不再能够克服和解决这些内在矛盾。她只是指出解决是不可避免的，激化矛盾是为解决作准备，她必须为此去受苦、去死亡。还是这个受苦与死亡十分自然地完成和提升了她整个人生。在吕贝克生病期间，一场危机、新的健康与痊愈、诞生好像正在形成，只要青春的朝气尚有余留就可使之复原。但是她的力量已经消耗殆尽，一病不起，走向死亡也就势在必然了。

　　感染、生病、死亡：吕贝克的生命围绕着这些字眼逐渐衰竭。但是在这里却提出了一个大问号，等待着回答：哪里是治疗疾病与避免死亡的新人生？哪里是知道良药的医生，让他可以说："这里面有改变人生的力量"？艾梨达，"海上夫人"，企图回答这个问题。

她来自大海，意思是她跟吕贝克是同根同源的。她来的那个地方，疆域天然辽阔，自由自在，那里的人即使灵魂里也存在着原始的潮起潮落，那里没有东西会风化，或者不可挽回地束缚在石头般的世俗传统中，不像海湾的居民受困于高山深谷之中，行动的自由都受到限制。

到了封闭的环境内，艾梨达像吕贝克一样都是个外来人。娜拉和阿尔文太太生活的地区，四周都是天然石头壁垒，惊涛骇浪在这里都被撞得粉碎，被迫寻找和流向新方向。这样的石头壁垒崎岖不平，布满了娜拉与阿尔文太太的青春年代。虽然峡长谷深，她们还是找到了通往人生理想高峰的道路，这对于艾梨达却是陌生的。

艾梨达，从她的名字来说可适当地被视为异教徒，虽然她是在面对大海与世隔绝的灯塔里野性地成长，无人管教，她的生活与吕贝克的毫无条理和教养还是有一条明显的区别：吕贝克在成长中明确受过有害的影响，为人方面过早地强烈地引动了她的粗暴的本能，从某种意义来说，她的遭遇很不幸，而艾梨达则没有这样的经历。艾梨达身上散发着一种更深沉、更平静的纯洁，这与吕贝克依照本能、无拘无束生活中的原始无邪形成对比。艾梨达依然天真和无经验，她展望个人的成熟；而吕贝克已经成熟，主要是视野不广，这就需要储存丰沛的内心力量。从表面来说，她好像比艾梨达发展更丰富，但是本质上她显得缺乏发展的能力，很像野地里的珍贵动物，从自我保存来说胜过一个婴儿，但是还是显得脆弱。

吕贝克与艾梨达的区别是十分有意义的，这凸显了一种处境，艾梨达在这里是她的先驱者的一个中和物。艾梨达的发展扩大了，衍生出许多可能性。为什么吕贝克的心胸视野不再是艾梨达的心胸视野，这个理由已经可以预见了。此外，吕贝克的经验与力量不足以在内心悲剧达到一定程度时帮助她避免崩溃，而在同样的危机深度时，艾梨达还有医治、生长的回旋余地。

艾梨达缺乏变化的能力，但有青春朝气，这种结合使她看起来在生活面前无依无靠。她既没有吕贝克的自信力，也不像她善于笼络，可以乘风破浪朝着幸福驶去。艾梨达满足于站在岸边，让她的梦想随波浮沉，预示恐惧与美丽，其深度也承载着神奇可怕的事物。

吕贝克的面孔露出挑战与轻蔑，艾梨达的脸上则充满期盼与梦想。但是她的梦想还没成形，远不如吕贝克胸有成竹。吕贝克的想象之舟在大海的波涛中颠簸，其中所怀的希望与恐惧更为具体，而艾梨达在慵懒中看到的宽阔闪光的海面，让人无论在眼里或在思想里找不到栖息之地，只是给游荡的想象提供一个无边的空间，任意创造虚构的幻想。想象力的丰富发展，从而损害了一个潜在意志去行动，这是艾梨达与吕贝克不同的第二个倾向。在这个倾向中有疾病的因素，或者疾病的预示，只有用充分成熟的自觉意志才能克服它。这也包括一条深入和深化她的意志的线，一个保护她免于陷入吕贝克摆脱不开的这种突然猛烈的怨恨。在艾梨达的灵魂的沉默中，最温柔细腻的激动显得脉络分明，然后无意识的冲动又化为行动。艾梨达的意志茁壮长成一个自觉和健康的力量，可以完成一个比吕贝克更为高尚细致的成熟衔接。吕贝克走的是另一个方向，她采取强有力但是过早的行动，她的全部发展由于心志迟迟觉醒和成熟而远远落在后面，陷入一种病态的瘫痪。

吕贝克生气勃勃，虽然她的成熟受到了阻碍，而艾梨达不成熟，想入非非。个性上的这些差别再次明白无误地反映在她们爱的方式与爱的命运上。吕贝克的热情有一种压倒别人的天命，艾梨达执拗的被动性却引起一种冲动的爱，一个恶魔般的意志冲动排斥了一切自由选择。当吕贝克努力探测和无情分析事物，进行明确和全面的审察时，艾梨达却屈服于未知和不可知的迷惑下。在她的一生中，她身边所有她不怎么知道或者不希望知道的人，都对她有所影响，到最后典型地没留下名字的陌生人尤其如此。这是神秘陌生人的力量解释了她对他的爱。

　　这是一个不成熟的人的爱，带着颤抖与无助的意志，面对一个完全陌生、掩藏严密、神秘和不见光的人生，艾梨达在神思颠倒中改变了主意。屈从的思念与害怕在艾梨达内心交锋，幸福与思变、吸引与威胁同时存在。她爱他像有血有肉化身的象征，像有伪装的自由与力量的生活本身；这好像她看到了永久、无限和不定形。她好像吸收了他的精华，那时她把他比作大自然的元素，他达到了一种象征性的效果。艾梨达说："这个人像大海。"恰是因为她缺乏任何个人的主见，他的力量无限增长，凝聚不散，控制着她。一开始，她对他的面貌所作的描述具有象征意义，她用这个神秘的面貌去符合他的离奇生活，这是深深植根于她的天性中的，使她与他的关系超过单纯的钟情。这里我们看到的不是什么热情，而是与自觉意志发展有关的伦理问题。艾梨达只是模糊地明白这个半自觉奔向生活的激情。她的想象力支配她，通过这个陌生人的魔力把这些激情拟人化了。对比变得特别明显，尤其当我们比较陌生人所代表的变易与幻觉的象征和吕贝克对罗斯莫完全植根于感官现实中的热情。这时我们才会明白为什么吕贝克的爱必然分解和死亡，因为它反映了她的强烈性格和人生的分解与死亡。相反地，艾梨达由于自身的发展和经验，能够摇撼陌生人的逼人力量。在这里我们看出了梦想与人生、象征与真人的区别。

易卜生带着感情上的真真假假，把陌生人的现实存在与艾梨达对他的象征或幻想结合一起。在细节上，即使最小的，陌生人的出现都有不同的色彩，这取决于打在他身上的光是单一的还是梦幻的。他像碧水清波，要看照着的是日光还是月光。毫无疑问，他显然是个经验丰富、勇往直前、无所畏惧的冒险家，善于应付生活犹如应付海上的波涛。在翻江倒海的洋面上他呼吸得最为自由。对艾梨达来说，他就像从波涛中升起，落在寂寞的海滩上，他的过去对她总是遥远陌生，仿佛留在了海水深处。没有东西可以告诉她他是什么性格。还有颇为一致的是，他们私下谈话，简短含糊，没有什么可以说明他是什么样一个人，甚至连他的水手行业也没有提及。他们谈话仅止于大海本身与海浪，海的宁静与暴风雨的险恶等等。他们谈到清明夜晚与午夜太阳，照着孤独的海滩，海狮与海豚纹丝不动地在打盹。他跟她谈到他们两人都知道、都爱的东西；他在漂泊中直接获得的现实知识，这对她这个在海滩上的人来说则象征希望。慢慢地他的面貌完全隐没在这些景象后，在艾梨达看来，仿佛她与他是同类，都属于海洋生物。

他的说话方式支持了她对人的奇怪想法，他的行动方式也是如此。他行动果断坚决，他杀死船长以及冒险跟艾梨达在海边订婚都是明证。然而他沉静、神秘和粗野——"只要想一想水面下鱼儿又快又静地游动，我们简直分不清它们的动作"。不论他匆匆做什么，我们总是弄不清目的是什么，他永远高深莫测，无法理解。这些都是他的冒险生涯清楚表现出来的特征倾向，他的神秘出现很投合艾梨达的病态的想象生活。

他对她的影响，随着他给她带来的变化而增加。他通过海边一场如魔法的订婚使艾梨达与他终身结合。后来他杀了人从现场逃走，重新沉入曾把他带过来的波涛里。艾梨达松了一口气，她决定写信要收回她的话。但是他无视她的决定，声称她是他的。她收回她的诺言，企图重获自由，都成了无望的姿态，就像一个孩子向海里扔石头，要留住波涛不让它侵吞海岸。陌生人也同样固执、贪婪、鲁莽，欲望与热情达到目的后，就像海洋，决不会同意归还海底的宝藏。无情无义的海洋风暴也存在于陌生人的忠诚信念中，他紧紧抱住最本质的需要，再也不顾其他人的思想感情。陌生人是无情无义的，尽管他曾长期表现忠诚，他在最后作出的这个出人意外放弃艾梨达的做法时，既不叫冤也不威胁："那么再见啦，房格尔太太！从今以后，想起你的事情，我只当是在生活里翻过一次船而已。"

当宝藏沉到海底时，海水也是不起风浪的，它继续平静地流淌。这时，同样的这个陌生人，他失去艾梨达时看来无动于衷，一受到房格尔的威胁，要让他坐牢失去自由，他立即拔出手枪，毅然决然要自杀。在任何情况下，他都不像这一次那么不假思索，但是同时，除了最后一次出现时，没有场合再有这么一个神奇有效的彻悟。他突然向艾梨达屈服，使我们想到魔鬼遇到神咒时就会收起魔法赶快逃生。他的话突出这种感觉："我明白了。此地有一件东西比我的意志更有力量。"

这一幕所产生的印象跟剧本安排在仲夏午夜结束的气氛是十分合拍的。没有月光，没有星光，而是午夜月落时的普通光，奇妙地创造出神话般的澄明。每个人物的内心精神生活都紧张到了顶点，以致台词与动作的分离好像是不经意说出来的符咒，有一种强烈的魔法作用。事实上，各个人物的台词与动作是剧中人物缓慢必要的发展的结果。最后专门由心理上紧密交叉联系的事件和问题来丰富其中的象征与怪诞。这可以用于艾梨达，也可用于她对陌生人的观念。这解释了她的突然变化，也解释了他的突然放弃。因为陌生人对艾梨达来说，只表示她本人对自己在生活中要追求什么的不完整了解，只有意志最后成熟了，才能打破他的威力，让他陷入虚空。发生这件事的戏剧性在陌生人的威力中已有断定，即使隔了距离，这种威力也会影响她直至决定性时刻。因为陌生人这个人物的重要性不比她内心对陌生人的观念差，没有真正隔开他们，那个男人随时随刻都可运用魔力控制她。他的威力不是漠视艾梨达解除婚约、恢复自由的企图，而是使她依然不能解放自己摆脱他，怀着成熟的完全发展的意志与他作斗争。

所以艾梨达的发展采用了爱的冲突的形式，这可以称为"陌生人的归来"或"陌生人的报复"。《罗斯莫庄》不是也有个相似的名称吗："复仇"或"碧爱特回魂记"？在两部戏中不都是魔鬼的超自然力量，从水波上升起，带来了分离与死亡吗？事实上，许多可以互换的人物关系组成这两部戏的结构。环境是相似的，只有人物是互换了，这是典型的易卜生处理方式，在《海上夫人》里，这不是碧爱特的幽魂——一个作出无助之爱和自我牺牲的灵魂，在向粗暴的力量投降后怀着复仇的心理在游荡——而是一个原始力量本身，紧盯着它的受害者，伸出它魔鬼似的手，企图阻止受害者重新获得和利用独立力量。相应地，结果也不尽相同。碧爱特死了，得意的粗暴的罪恶随着她沉入水底，尽管她软弱，通过她的精神变化与升华还是超越了罪恶。这两个复仇的鬼——碧爱特和罪恶——使吕贝克软弱毁灭。陌生人必然会在艾梨达的精神发展前退却，因为他的粗糙的原始力量只能影响一个不成熟的意志，一个生活中还在寻找目标的激情。

解决办法也是不同的，吕贝克令人想起陌生人，而碧爱特的心理特征跟艾梨达很相似，特别是她多愁善感，这里包含着趋向更成熟的潜力的种子。当然，这一个特征（在碧爱特完全来自传统）只是在象牙塔世界的边缘才能见到的。但艾梨达努力争取更大范围的自由。为了这个理由，带给她们痛苦与疾病的原因是相反的：碧爱特的有限制的世界遇到吕贝克野性的毅力走向毁灭，由于狭小世界的压迫不得而出时，艾梨达的内心生活变得病恹恹的。当这件事通过与房格尔医生的婚姻发生时，这也触动了一场内心斗争，又一次召来了陌生人。她曾经想象她能够完全逃出陌生人的掌握，如果在她沮丧时抓住了房格尔的手，作为妻子跟随他走进一个家庭生活。

但是相反的事发生了。她愈是企图关闭在新生活中逃避过去，她从前的幻想愈是像现实中的事。新的舒服的家庭环境反而使她感到窒息封闭，再加上四周的高山峻岭，都成了森严壁垒，叫她不能越雷池一步。海湾的水流得懒洋洋的，再也看不见潮退潮涨时白色浪花汹涌澎湃，艾梨达也思念起从前更广阔的生活天地。在那个荒凉的海岸她把终身许诺给了那个陌生人后，这个不可知的距离在延伸。如果在不由自主颤抖时，她在这压倒一切的强制中会感到陌生人的魔力，她现在想到的就只是陌生人强制她进入的无限自由。要是说早先她觉得自己受魔力怂恿，盲目张开双臂，违反自己心意地投入了海中，现在她看来像是陌生人要向她显示海底的灿烂奇妙世界。她觉得自己已经永远无缘的人生的其他未知方面，依然像大海那样朦胧迷人，海水的咆哮与细语回响在她的思想与梦中。这种心态使她对四周现实中的声音都充耳不闻，只会使她的幻想更加趋向病态偏执，被动地等待着。

房格尔是无法改变她的处境的，他好意地容忍她的任性脾气，仿佛她是个孩子。确实有点相似，陌生人对待她像对待一个有依赖性的不成熟孩子。然而，她深深感到丈夫与情人之间的对比。情人控制她的未经实施的意志，逼迫她服从他的意志，在魔力和激情的统治下，把她毫无抗拒地带到了海面白浪滔天的广阔生活中。丈夫恰恰相反，对她关爱备至，百依百顺，不让她受到变化的影响，不要求她承担工作和责任。同时把她束缚在狭窄可怜的生活圈子里，任凭她哀叹没有行动自由。事实上他对她下了判决书，让一个习惯自由的人当上了囚徒无休无止地踱来踱去，所以不管存不存心，他还是有罪的一方，造成了她跟他的疏远。

最初，艾梨达对房格尔表示了爱，把陌生人的回忆全部抛开。她说："我已经完全把他忘了。"是什么又把陌生人召来了呢？那跟她的爱慕改变是没有关联的，因为她接着又说："除了你我不爱别人。"

除了这些倾向，激情与怀念也引诱着艾梨达，到底还没有谁曾指导过她去了解人生，或者去担当人生中的重任。房格尔给她带来了爱与活动都有其意义的一小部分生活，只是减少了她对不可知的陌生人出现的向往。下面也许是艾梨达本性上最需要的事了，因为她后来责备房格尔没有以更大的决心在他的世界里好好安置她："房格尔，在你的家里，我完全是个无根无绊的人。两个孩子不是我的……要是我今晚走了……没有一把钥匙需要交出来，也没有什么事情需要交待，从一开始我就被排斥于一切之外。"

就像周围的人都不能够改变艾梨达的消极态度，艾梨达也无法嫉妒房格尔心中对亡妻和孩子们对母亲的甜蜜回忆。早在第一幕艾梨达出场时，我们已经看出有人忙着布置花卉，目的就是悄悄纪念逝去的母亲。艾梨达做事忠厚，通情达理，认为缅怀的礼仪是适当的，尤其她本人也生活在过去之中。这里我们很自然要作个比较，摆花场面简洁素雅，而吕贝克在罗斯莫庄每个房间放上大量盛开的花朵，目的是让扑鼻芳香帮助罗斯莫忘掉死者，因为死者生前不能忍受欢乐和鲜花。她欢愉地把自己的花放到孩子们的大花束上："为什么我不应该跟你们一块儿给母亲做生日呢？"温柔的艾梨达跟热情自私的吕贝克在行为上的区别不是一目了然了吗？

恰恰是艾梨达的更消极更温柔的性格，同样通过和气或者冷淡找到表现的方法，这引出一个奇特的现象，也就是说易被别人左右的艾梨达，反而比吕贝克更不易受外界的影响。从一开始，吕贝克在罗斯莫庄负责管理一切事务与人——不论是活的或是死的。她在工作中孜孜不倦投入那么多忠诚心力，以致她再也不能集中足够的意志力去越出自己的心地了。罗斯莫庄的生存方式是会到处传染的，亲密与坚强的关系都会染上病。

艾梨达和房格尔通过相互接触没有失去自己的个性，这使以后更为健康的关系得以发展。最后，艾梨达与房格尔的内心结合，变成一个独立自愿的行为，自觉的选择。这与吕贝克的自我断言是不同的：她只有在死亡中才能嫁给自己的情人。野性力量与病态的结合，逼得吕贝克与罗斯莫采取了死亡的方式，而房格尔与艾梨达不是这样，他们心中都有一种感性，提醒他们留出足够的空间，让对方得到一种宣泄。他们的灵魂不是对对方有一种不可抗拒的吸引力，而是让隐藏的亲和力虽有误解与疏离，却非常缓慢地产生一种宁静稳定的吸引力。

最初，当艾梨达本能地寻找丈夫的伴侣关系，这点变得很明显。我们从她嘴里听到的最初几句话，不是对大海，对远方的盼望，而是对房格尔归来的盼望，仿佛她跟他即使离开一小时也忍受不了："房格尔，这是你吗？感谢上帝，你回来了。"尽管她对陌生人热情冲动，还是面向房格尔寻求他的拥抱："我最亲爱的……救救我摆脱这个人！"她觉得房格尔会保护她。"我只要过来紧紧挨着你，努力抗拒所有这些迷惑我的可怕力量，我就可以找到和平和避风港。"接着她又说："但是这个，我不敢……我做不到！"陌生人引起她爱的冲动，但是她爱的欲望则是向着丈夫的。意志的衰退把她抵押给了陌生人，但是艾梨达的本性在暗中提示房格尔会帮助她作为一个人找到自我。"哦，房格尔，帮助我！救救我！"易卜生就是这样描述房格尔的，因而他与艾梨达的关系可以用这样的话来理解。房格尔像剧本中的其他重要人物，有一种精神相面术，具有双重人格：他看起来从原路回到《罗斯莫庄》，但是也有向前看的天赋，寻求一种更幸福的新生活。就像艾梨达的脸部特征令人想起碧爱特，吕贝克的脸部特征则令人想起陌生人，所以房格尔像罗斯莫，但是远远超越了他。

虔诚在罗斯莫的生活中扮演的角色实在太重要了。房格尔也不能让自己摆脱亡妻，虽然他找到了一个她的继承者。他甚至没有力量去禁止孩子私下活动，这显然出于对第一个母亲的虔诚。就像罗斯莫对外的生活与行动，都受到死者与沉重的过去的影响，房格尔也束缚于世俗之中，好像不知道如何去获得一种有力的独立生活方式。他的女儿博列得埋怨说："爸爸从来不会把事情做完"。他同意这种说法。虔诚的倾向削弱了他的意志。遇到需要加倍努力才能解决的情境，他经常不能集中精力。他要艾梨达，更多的是企图通过感情去寻找逃避孤独和连结旧爱的道路，而不是寻求新生活或新爱的冲动。当他的新婚姻岌岌可危时，他有时用饮酒作乐来麻痹痛苦。

但就是有这些习惯，房格尔医生与罗斯莫还是有重大区别的。首先，他不是他们的家风和个人缺点的精神俘虏；他承认自己有多疑的缺点，但是他有自知之明，对今后的事也有较为明晰开放的看法。他不像罗斯莫，不是无望地受到所爱的人的影响，他感到照看她是一种责任，还对无意中自私地纵容她的做法进行自责。"我应该像父亲，同时像导师那样对待她！我应该做一切可能的事去发展她的脑力，教她怎样清楚思考。"他对亡妻的虔诚不同于罗斯莫，不是呆呆地要把她的尸体驮在肩上一辈子。

不，这是一种幸存的亲密感觉，一种热烈保留的忠诚，它的坚定性必须被认为是人生真情。他以为移到艾梨达身上的也是同样的忠诚，奉献自己，细致周到。一方面，这使房格尔与罗斯莫相连；另一方面，他是一个比较不自私的理性人物，有发展的潜力。房格尔不让自己消极地被别人毁灭。他心中存在爱的力量，还可以同情别人，帮助别人，他有眼力和理智。因为他的爱的能力是植根于这类正面力量中，它依然是完全无私的；而罗斯莫表面的无私或意志软弱在危机时刻转向自我寻找的方向，所以他要求吕贝克死亡，在自己的生活中得到阳刚与力量。明显的对比是房格尔在剧终时乐于给艾梨达自由。他内心深处助人为乐的天性愈是浮现，他个人的希望与要求愈是后退。

他们的不同职业也使罗斯莫与房格尔有明显区别。罗斯莫是牧师，从而是传统道德的代表，他必须让个人意志夫服从它们，他要摆脱它们也必然遭遇和引来内心冲突。房格尔作为一名医生，必须能够理解和检查病人痛苦的根源，但是作为专业人员他又必须避免感染上他们的病。他必须找出治疗方法，知道自己的局限性。然而有意义的是只有当他面对疾病，才逼得他用上自己全部本领，没有这个挑战，他也躲不开日常生活的影响。

他起初对艾梨达也只是表面的关心。当她病了，他才成了一个自我牺牲、善解人意的灵魂医生。她的痛苦使他的爱达到成熟，他对她体贴入微，亲密无间。我们可以说，通过她高烧中的幻想，他才第一次对她整个人有一个清楚的概念，他对她的真诚、痛苦、依恋的声调有一个正确的理解。以前，当她身体健康时，他不可能给她这种爱和指导，让她避免伴随她成熟出现的危险。为此他应该做到的不但是一个热心的医生，还在最高意义上是一个精神导师，知道如何说出内心生活，如何驱除对未知与无限事物的惊恐与神秘诱惑。只有精神导师才能够教导我们，怎样接受生活安排的具体工作和它们最深邃的意义。

房格尔自己的发展是不完全的，他依然需要再接再厉。然而当他意识到在艾梨达对远方的幻想中有一些他所缺乏的东西时，他对艾梨达产生了深深的爱。他依然生活在象牙塔中，但是他意气风发，要奔向自由："在她的思想中，在她的感觉中也有海水澎湃，潮涨潮落。"房格尔把艾梨达比作海洋。他又说出他不作抵抗被她吸引的理由："你跟海很相似……令人害怕，艾梨达。勾魂摄魄是你最厉害的一面。"我们能够轻易地领悟到，他们彼此需要去实现自己的完成，这在多少程度上促成房格尔努力要给艾梨达一个"真正的婚姻"，两个人的完全结合，只要他能够在她心中鼓励起他具有的同样诚实的自我了解。

房格尔还是一步接一步成功了，从外在表现和生活表面进入内心深处的力量源泉，他又把它转化成外界的解放威力。艾梨达达到外界的路被堵死了，她内心郁郁不乐，被限制在一个幻想人生中。慢慢地内心生活起了变化，形成一种积极的内外生活的替换。通过想象的力量，她对过去有了一种新现实，一直贯穿到现在。房格尔告诉她："你要依靠形象、通过视觉来思想与感觉。"（从艺术角度来说，这些因素把《海上夫人》跟易卜生的其他剧本连结起来，每个剧本都像是这里的最后一幕，从气氛上总结了在暗场发生的含蓄冗长的内心发展。艾梨达的疯狂使得过去的事原原本本重现眼前，在光天化日之下显得更为尖锐突出，远远胜过吕贝克的良心谴责和阿尔文太太的思考。这两位人物只是叙述，而艾梨达这时却使她的回忆有了美感。）

艾梨达在思想中生动看到的东西对她是真实的；在那时候她没法明确实现的这个东西突然消失，仿佛死去了似的。当这样的事在她与房格尔的关系中发生时，她不能够找到他，也不能够在心里做他的妻子，这变成了"可怕之至的折磨"。即使那个陌生人只有在她的心里才是生龙活虎的，只要看到他出现她就会屈服，仿佛真有这回事似的，她深深为之害怕。他在她面前出现，不像是个在记忆中（甚至幻想中）栩栩如生、被无望的思念召唤而来的情人。不，他的出现实际上令人毛骨悚然，并对艾梨达造成了可怕的折磨。只有她能够坚定地说服自己他并不存在，才会宁静下来。所以陌生人挑逗的不是她的感觉或需要，而是她的意志，让她想到他时变得懒洋洋不思振作。在她看来，他施展了一种令人难以置信的魔力把她攫住，强迫她再婚。所以当他出现在她的想象中时，可以说他不需要用目光看着她，也不真正需要她看到他是什么样。他只要"在一边；他从来用不着看我。他只要在那里就行了"。

这种看的方式在易卜生的描述中是出奇的真实，相当于生动的梦境形象，都带一定程度的散光和普遍的模糊，在某些细节上又纤毫毕现。比如说，在艾梨达的记忆中，陌生人的形貌体态已经很不清晰了，当他在房格尔的花园里出现时她就没有把他认出来。然而另一方面，在她的幻想中，她清楚地看到他的领带别针上白中带蓝的珍珠和"死鱼眼睛"，死鱼眼睛象征了她看到的一切惊悚的东西。当弥漫的迷雾散开，陌生人真正站在艾梨达和房格尔面前时，梦中情景的效果都冲淡了。

从这个道理来说，房格尔庆幸陌生人的归来，引发事情出现转机："现在他在你的心目中有一个新的更真实的形象。这把旧的形象遮蔽了，所以你再也不会看见它了……这也遮蔽了你的病态想象力。现实终于回来，要说这可是件好事。"

陌生人的归来，对于艾梨达的心病治疗与要摆脱他的精神解放来说，是必不可少的需要。当然，第二个需要是她的丈夫回到她的心里和思想里。跟陌生人相反的是房格尔始终在她身边，但是由于陌生人在她的内心生活保持了象征性的梦幻形象，她与他隔了一段距离。她没有注意到房格尔对她的深深眷恋：这扎实地形成一种强烈的爱，最后成功地把她从陌生人那里夺了回来。她本能地转向丈夫，但只是像个病人转向或许能够给他解除痛苦的医生。她依然不知道惟一的解药存在于他的爱的深度之中。他必须逐渐成熟，缓慢地走向她，这使艾梨达对房格尔的理解产生了困难。此外，只有当时孤立和决定性的形象才对她的幻想产生一种影响；这些形象进入内心，日久在幻想中更趋向明晰浓重。她病得太重，就不会有心注意到任何长远的发展变化。

因为如此，在她看来，她与房格尔的关系就像最初一样没有变化：一次偶然认识以后彼此有了感情，举行了婚礼，双方都很满意，但是出发点跟爱没有关系。她只记得她感觉非常孤独，在房格尔的家里不被人了解。但是她也从未注意到房格尔作出的温情努力为了要更好了解她。他的话说明了这点："我正慢慢开始理解你……好几年共同生活使我更加注意了。"

后来要求"取消当初的交易"时，对方准备给她自由，艾梨达由于对周围事物缺乏理解力，并不认为房格尔作出了多大的牺牲。房格尔无私善良，觉得在某些方面欠了她这份牺牲，即使她并不能够完全领情。目前，他丧失了机会，没及时把艾梨达骚乱的感情重新引导到自由健康的土壤上，原本她会在那里扎根的，并融入他的世界。现在她在斗争，内心骚乱有增无减，要挣脱他获得自由，房格尔不希望担当罪责，眼睁睁看着她盲目追求梦中的自由而弄得身心交瘁。他知道她对陌生人的热情无非是向往自由的一个冲动。房格尔后来对她说："你盼望海，想念海——你希望跟随他这个陌生人去，这只是表达了内心对自由的苏醒与向往。如此而已。"

可是，因为她觉得他不理解她，对她内心感情来说只是个陌生人，就把自己的婚姻看做是不由自主的坐牢。理解与爱，是区分密切结合两人的纽带与把他们拴在一起的锁链的关键。一刹那间纽带可以变成锁链，锁链也可以变成纽带。当她看到房格尔在爱的催促下放她自由，甚至让她跟陌生人离去时，艾梨达觉得这事出乎意外，她平静，颤抖，好不容易对房格尔说："我已走得那么近，真的跟你那么近了吗？"

这样房格尔许诺艾梨达离开，由她自己进行选择，为了不让她发疯；事实上他深信已经失去了她。他的牺牲意味真正的牺牲。但是他没有意识到，他也正在揭下蒙住她眼睛的假象。从这个时候起她明白他深沉强烈的爱，不再害怕被人置身局外了。她知道自己跟他很接近，她身处的是一个家庭，而不是一座监狱。既然她没有坐牢，解放自己的冲动就显得毫无理由了。当自由不再是远不可及的时候，也就失去了吸引力；艾梨达最终站在自由的土地上。

她的话很容易被人误解，"我可以看到事物的核心，我可以进入核心——要是我以前决定这样做的话。我可以选择未知的事物。然而我也可以抛弃未知的事物。"这些话并不代表她转变带来的奇怪的自满。她在这里的意思只是说：我不再需要自由，因为我明白了我是自由的。这样她不再理解房格尔给予她的自由选择。固然，还在前一天她认定房格尔并不太在乎失去她，那时候她肯定她会跟着陌生人走的。她得到进行选择的自由以后，现在看到她不再有选择，因为答应她选择就是一个爱的行为。早些时候她在心中回顾她与房格尔的婚约，使她产生了一个强烈的转变。现在他准备放弃她又发生了另一个转变。事情露出了真相，她看到房格尔不管如何心如刀割，愿意一直走到底，也要让她恢复健康，疗治创伤。她仿佛从一场噩梦中醒来，第一次领会到他真正是个什么样的人。这时她庆贺他在长期疏远后又回到了她的心中，而陌生人却离开了她的心，因为现实最后改变了她对他的看法。

虽然房格尔的爱的行动让艾梨达在他面前有一种自由的感觉，这还不足以解释她为何恢复健康，这只是诱出一场以后会圆满结束的危机。这是真的，她身陷囹圄的怪异感觉是消失了，但怪异的原因却没有根除。说得明白点，艾梨达没有被迫做囚犯，可以说她还是自愿充当了她的幻想世界的俘虏，处在病态、夸大、无羁无绊的情景下，通过漫无边际和未知事物去寻找自由。她原本就是呆呆地注视着无边无际的地方，房格尔的体谅无意中纵容了这个习惯，还有完全缺乏可使她消愁解闷的工作责任。那时，从根本上说，艾梨达像吕贝克，都由于滥用自由和无人督促的无目的生活状态而痛苦，这必然引起胡思乱想，跟疯狂与精神错乱相差无几；吕贝克的本能也启动了毁灭性的行动，挫伤了自己的意志力量。

前一天发生的一桩小事清楚说明，艾梨达如何逐渐明白她最大的痛苦，是在毫无结果的冥思遐想中找不到出路而撤退。有一次她的最小的继女希尔达对艾梨达意外地流露出洋溢的热情，却被她的姐姐博列得责骂，她说："还是把心底羞涩的爱藏着吧。"艾梨达听了大吃一惊，她怀疑地问："啊，这个家有没有我的一个位子？"她意识到有一个回答和可能的解救办法，她的病态的思路突然被一个全新的观念截住了。她意识到魔力在诱惑她走入漫无边际的幻想之中，让自个儿用意志牢牢束缚在自我强制的范围内，创造力与爱的天然疆界内，可以使这种魔力不起作用。

总的说来，不久她回到丈夫身边，在幸福的新环境中出去寻找需要责任心的工作和职责。这在艾梨达是很典型的。当她的精神力量出现时，她摆脱了自己的缺点，把自己的思想放在了别人身上。当房格尔高喊："哦，想一想我们现在能为对方活着。"艾梨达迅速加了一句："也为我们两人的孩子……他们不属于我……但是我会赢得他们的心的！"她现在明白她自我孤立，漫无边际地梦想，不是真正待在家里，但是可以在虽狭小但允许充分行动与爱的人间关系内找到位子。

> 家这个地方，五个亲人住着很宽敞，
> 两个敌人住着太狭小。
> 家这个地方，你的思想自由翱翔，
> 你的声音达到大家的心房，
> 也会得到亲切的回响。

（摘自易卜生《爱的喜剧》）

房格尔表达的第二条助人的想法也说出了艾梨达本人的想法，这证明了她的自由以及她的个人责任观念："现在你可以自由选择了。责任由你自己负了，艾梨达。"她紧紧抱住自己的头，朝房格尔看，"自由选择……由自己负责？自己负责？这里倒有改变的可能性了！"自由行动和个人责任标志着艾梨达的清醒，面对现实……这些先决条件允许一个娜拉获取自由，在另一方面，让艾梨达有完全的自律权利。

如果随着艾梨达的思想逻辑得出结论，就看到娜拉的发展有不可避免的缺陷。娜拉不让自己受必要的义务的约束，因为她还没有达到能够自愿接受这些义务的程度。娜拉离开我们时，站在发展的起点，开始前途未卜的登高。她还不知道从另一个不同的有利位置去观察她的小世界是什么样的，也不知道可以对她的个人生活有一种成熟的观察。所以为什么一个女人应该离开家庭和放弃责任，而另一个女人必须维持家庭和担当责任，娜拉用一个无言的问题代替结论，而艾梨达则给我们作出了答案。这样这两位女性人物具有相似的面貌也就不是巧合了，虽然她们的目标看起来像朝着两个相反的方向。

如果娜拉和艾梨达并排站在一起，立刻会看到她们俩有相同的不成熟的外貌：娜拉狭窄的环境还没有让她直起腰板，而艾梨达的姿态没有达到天然的平衡，因为在广阔的海景前，哪儿也找不到任何可以测量她全身高度的参照物。娜拉看来发育不全，因为"玩偶之家"的生活人为地封死了她跟外面的生活，艾梨达缺少气度，因为她的梦似的凝视把现实溶解成模糊不清的画面。

娜拉与艾梨达人生中的这些缺陷，会带来灾难，这在剧终时走入决定性时刻。大家已经注意到冲突的相似性，因为在这两个例子里，剧本涉及的是婚姻责任和个人自由之间的斗争。是的，从表面来说，艾梨达的情况包含更加令人信服的动机让娜拉跟她的丈夫分手；而在娜拉的生活中有许多东西，也可以让艾梨达更容易回到房格尔身边。这用在她们跟各自的丈夫以及孩子的关系上都是不错的。"海上夫人"则不再有一个自己的孩子，两个继女不久不用她照顾。恰逢娜拉自己的老保姆要来跟他们一起住，可以照顾家务。通过这样的巧合，娜拉跟自己的孩子分开也就成为可能的了。

不是由母亲而是由保姆来管教自己的孩子，这里面该谴责的不正是娜拉自己缺乏教养吗？在孩子的生活中不是不该重复这个错误吗？娜拉希望解放自己，不是为了自由，只是为了挖掘她的全部潜能，但是这要使她能够担当责任和工作；她觉得在她成为掌握自我、有完全觉醒的人以前已做上了妻子——事实是做上了母亲——是有罪的。但是这个诅咒可不可能解开？她能不能消灭孩子和他们惟一的人生，就像她能够消灭她的婚姻一样？这些问题娜拉没有回答，因为她回答不了；她离家是去找一个答案的。

表面上，我们在娜拉与海尔茂的关系中也找到与此一致的东西。看起来，艾梨达责备房格尔还更有根据。不管怎样他让她离开一个曾经使她幸福的环境，他让她脱离她在海上的家，完全知道要把她移植到一块限定的小土地上，会给她造成伤害。他觉得只有她愿意在他的指导下发展，自己的这种伤害才会成为好事，然而他让她自生自灭的时间太长了一点。海尔茂则相反，他看到娜拉是怎么样的就怎么样地待她；他尽一切努力去重视她在父亲家的玩具室，连细节也不放过；至于她竭力去寻找内心自由和更多尊严，他压根儿就是不知道，因为她孩子般的行为完全掩盖了这种热望。不管怎样，海尔茂一点不了解娜拉，因为他的爱是自私的和有限的，一种不理解对方和没有牺牲精神的爱。但是他的缺陷也让人看出他处理问题的方式。

所以我们可以看到易卜生如何深刻透彻地提出心理问题。如果要让艾梨达有可能留在丈夫身边，这里面就必须要有一个最低程度的"必要事"，让爱的领域可以充分开花和有效扩大。如果在另一方面这个"必要事"不存在，娜拉就有可能鲁莽地跨大步子往前走——不顾什么义务、爱、孩子和丈夫——眼前只有一个目标。

易卜生不允许次要的动机来削弱首要和严格根本的动机。那么好吧，这个成为"真正婚姻"的必要基础的"必要事"到底是什么呢？这是真情与自由。在娜拉的这件事例上，这就是说跟海尔茂生活在一起时，有可能从一个玩偶发展成一个有血有肉的人。对他来说，这是指在经历考验和危险时期有必要表现他的爱和说明他的真情。这两个条件在艾梨达和房格尔的婚姻里都得到了满足。她回到他身边，因为他向她证实她不再是他家的一个囚犯，她通过牺牲作为礼物而获得了自由，这就是带着令人信服的真情在优雅无私地表达的一种爱。

从这个意义上来说，娜拉的期望在艾梨达的生活里得到了实现：通过房格尔的行动，娜拉关于"一切事物中最神奇的事物"的梦变成了现实。

梦一开始就隐藏了梦的结局：开头与结尾完美结合。对娜拉来说，梦有一种解放力量，把她推入独立简单的生活，瓦解了她的家与婚姻。梦变成了现实。同时，梦变成了联结与束缚的力量，这重新筑构了艾梨达的家与婚姻，那时就给在脱离与独立的热望前放下一道坚固的屏障。

对自我实现的期望，这来自娜拉的爱的真情；她只希望掌握自己，以致她可以把自己作为礼物献出。她内心开朗健康，爱与欢乐像奔放的热流，随时准备涌向她的丈夫，转变成一场梦：一个真正的婚姻的奇迹。就像对艾梨达，她的病态的心情焦躁不安，在家庭圈子里坐不住，游荡在模糊抽象的自由中。关于什么是自由的不同概念在这里表现得最为尖锐了。娜拉的这句话："一切事物中最神奇的事物"，包含一种天真热诚的希望，而艾梨达的"恐惧物的"概念里存在对着空旷的海面忧虑的凝视，令人神往，又令人讨厌，里面包含混沌与摇摆。娜拉心中带着自己的爱与意志的积极理想，而艾梨达却听任自己痴心妄想。

　　从娜拉的解放代表的不是个人任性而是理想来说，她必须克服的障碍和摆脱的镣铐，看起来都缺乏威严的约束。对艾梨达则又差不多是它的反面。阁楼或象牙塔，始终保持秩序和界限，对娜拉意味着一个空虚的玩偶之家和监狱，却给艾梨达提供了学习和庇护的场所。把吕贝克牢牢卷入的那个世界，可以培训野生动物和加工原料，但是只是从反面她才学到什么叫自由。艾梨达去经验一种宽厚的爱的奇迹，它打破阁楼的墙壁，允许自由与真情的强有力的牵引。她站立在提供保护的世界，一个统一和解的地方。

　　当娜拉正在做她的"奇迹"梦时，她的思想难以形容地高高盘旋在这个黑暗微小的地球上……对艾梨达来说，"奇迹"已经成了现实和自然。夏天像常春藤，爬上艾梨达的房屋，遮住她正在变绿的秘密。艾梨达的面孔洋溢娜拉做新娘前的光彩，一个在茂密大自然中得以实现的奇迹。希尔达问知识渊博的家庭朋友巴列斯泰："你不觉得她和爸爸看起来好像刚刚结了婚似的吗？"他回答说："这是夏天，小夫人！"这是一种爱情的夏日时光，爱情把自己圈在一个家庭里，四周环绕着生命的激流。

第六章

海达

《海达·高布乐》

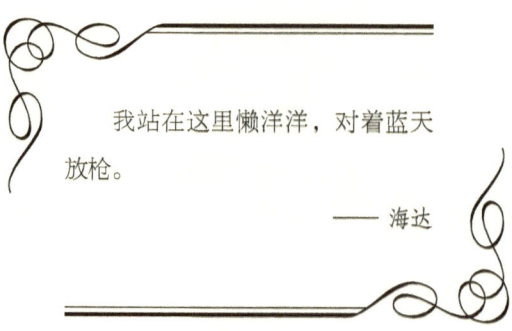

　　我站在这里懒洋洋，对着蓝天
放枪。

　　　　　　　　　　—— 海达

易卜生早期剧本中，还没有一部内容像《海上夫人》那样集中在一个女主角身上。配角只是调动观众兴趣，配合主角过自己的生活，这里他们组成一队人，让艾梨达居于中央，对她起到明显的烘托作用，同时又引起观众对他们各人的注意。作为主戏里一幕过场戏的参与者，他们深深打动了我们。虽然在《海上夫人》里，在艾梨达的主题故事以外，没有具体表现什么新问题，他们是一组不同的人物，又反映了同一个基本思想。这个思想的意义在于跨越到其他人物，推动问题的深入，而艾梨达这个人物变成漫长发展过程中的顶点。在这里面，同样的基本节奏就像从深水海底激起的巨浪，汹涌澎湃，夹着千变万化的白色波涛，浩浩荡荡扑向岸边，来回不绝，尽管个人的生活肖像都各自独立，但是主体上还是氛围一致，让我们感到整个剧本在精神上的联系。

氛围一致更多是在艺术上的，因为病态的人在激动的梦魇中，表现得慌慌张张，随时会被推入未知世界。这些都通过纯然的形体表现得淋漓尽致。不但艾梨达的病态说明她终日惶惶不安，就是房格尔家里的每个人都显得来来回回没有目的地徘徊，寻找自我与表白。要是凑近看一眼发生这类不安情绪的当地地理背景，我们就会注意到内部与外部环境的明显轮廓。

这是北方一座封闭的港湾小城，长期以来居民与世隔绝，接触不到商业与文化的潮流，就像房格尔花园水池里的"老鲤鱼"。一年一度，夏季游客一批批穿过这座小城市，去欣赏午夜日出的奇景。但是这批游客只是经过，不作停留，也不带走任何一条鲤鱼并把它放入大海中去，与自然中回游的鱼群为伍。在游客潮初来时唤醒了幻想，坐立不安，徒然要求自由的空气，在实际生存中却并不促成任何变化。

"有时候我害怕，"巴列斯泰说，"我们的城市会因外来的人潮而失去传统的生活方式。"他本人都在证实这种害怕：与渔汛有关的工作将逐渐失势，代之而起的是另一代新人的思想方式。他是"多面手"，因为一个人必须知道如何用不同方式去适应小地方的生活。因而他在同一个时间里既是画家，也是装潢设计师、理发师、发型设计师、舞蹈教师、导游和"吹管音乐协会"的主席。"适应"这一切显然是自由广泛发展的反面和任意歪曲。

恰如"适应"这个外来词在他的嘴里说出来结结巴巴，那么多的工作他也不能够都应付裕如，做起来觉得自由自在。他必须强迫自己去做，在幻想中而不是在事实上把它们统一起来。

当巴列斯泰忙忙碌碌寻找实际的出路时，我们发现青年凌格斯川，未来的雕塑家，是另一种类型的人。他对实际生活一无所知。他躲开错综复杂的艰难选择，因为它们对他的艺术创造没有帮助。他虚荣，追求宏大计划，对艺术的幻想满天飞。由于脾气阴郁，家道贫困没法上学，终日懒洋洋，梦想今后飞黄腾达。这些梦加强了他的十分幼稚的自我意识。甚至他设计的作品也表达一种梦想，阴森森的色彩包含着神秘，更加激发了他的幻想。他玩弄死亡的秘密，用想象中的玫瑰色想法与希望完全代替了现实，他这样做时，乐此不疲，他无忧无虑的看法，对已经出现的影响生命的黑影视而不见，只有其他人知道痨病将把他毁灭。

当病人还做着未来的好梦，期望空中会降下鸿运时，死亡已经站立两厢，给凌格斯川扮演忧郁的角色。他的自我意识的天真，跟巴列斯泰的喜剧性有明显的区别。巴列斯泰摆弄种种毫无价值的技巧，自满可笑。可以肯定的，凌格斯川会让我们微笑，但是我们一眼看出他的面貌多么接近艾梨达基本问题的深刻严肃性。同样的想法以两种根本不同的方式表现在这两人的生活中：没有真正创造力和个人发展可能性的抱负是一种无效的选择；沉溺于做梦与玩具的抱负不会激发持久的热诚。只有艾梨达的抱负是热诚的，因为她懒洋洋随心所欲的梦幻是诱使她走向成长的第一步。她惊吓之余走出梦想，绝望地去紧抱真情和现实，在她可怕的内心斗争中，诱人的幻想差不多要让人发疯。

主要是凌格斯川的空虚浅薄，不会使他变成一个悲剧人物。但是他对生的欢欣与对死的接近之间的对比有一种几乎是象征的效果。他并不强烈期望自由，满足不着边际的幻想，这都是有讽刺意义的，因为在这些东西后面是空无一物。空无一物、死亡和毛骨悚然，都成了玩物，掩盖了一个无所事事的人生；这些事排除仅几小时的无聊而已。

如果只是在一个孩子身上，如在艾梨达的小继女，小希尔达·房格尔身上，看到这些偏向表现很突出，还是可以理解的。希尔达对艾梨达怀着崇拜与爱，暗中非常依恋她，但是因为她对艾梨达是不是爱她很怀疑，就固执地把她的感受掩盖起来，还装得冷冰冰的，孩子般的鬼主意很多。她有成长过程中的一切特征，不成熟和不完美，但或许是艾梨达的不完美、追求与变化吸引着希尔达。她感到艾梨达身上有一个宿命的和令人迷惑的东西，正在等待着一个解决办法。推测产生了心灵的激动，使她得不到太平，尤其令她兴奋的是她听说艾梨达的母亲是个"疯子"。

她也以同样方式接近凌格斯川，因为他满怀信心的希望与他确定无疑的早逝之间的对比，使她感到紧张和慌乱；她对他禁不住经常谈到这个矛盾，摆在不同的前景前考虑这个问题。她的好奇绝不是出于怜悯或恐怖，但是这两者的核心包含在里面。因为没有人指导和教育她，她就凭着杂乱无章的天性玩自己的。她需要生活中的神秘，因而也就用有吸引力的事来刺激自己。她的生活像老鲤鱼所在的池塘，也就是说池塘也圈住她自己的小小生命，她用人工激起池塘的水，在她的头脑里也像是真正的海浪了。她的继母的性格中和青年凌格斯川的命运中有些东西，使她不由自主地受到吸引。她与艾梨达有共同的特性。当然，希尔达还不具备一个成熟的人对无限成长的向往，她的向往只是一种青春期特有的好奇——没有强大的潮涨潮落，只是像内陆河里的起皱纹的小浪。引起艾梨达的恐惧在希尔达看来没有那么厉害，她还爱用那句话轻描淡写地说："哦，我想这很刺激。"恐惧与刺激之间的联系还是存在的，它促使希尔达越过表面的吸引力和纯然客观的好奇，把自己真正投入到未知中。为了这个理由，她不满足于带着悬念看着她的继母；这种悬念不由自主会转化成强烈的爱，顽固地要求感情有来有往——希尔达就是要属于艾梨达。

她的大继女博列得不是怀着同样深藏的同情来接近艾梨达的，部分原因是她已经长大了，虽然相对的教养是狭窄的。像她这样的人，内心也更平衡，能够面对内心剧烈冲突的艾梨达。除了这个，博列得也不再可能带着希尔达那样充满孩子气的遐想看待艾梨达的处境，什么"刺激"，什么好奇。她焦虑地在衡量艾梨达的情境会对父亲的幸福和他们的家——说到头也是对她的个人前途——带来什么不利的影响。她的愿望是急切走入世界，探索世界，自由发展，让世界打动她。妨碍她的欲望实现的是她的父亲和她的家没有得到艾梨达的些微支持。作为一个成熟的人，她对生活的期望远比希尔达要坚定；这些期望不是盲目的、似懂非懂的怀念，而是有感触的带着私心奔向一个既定的目标。希尔达依然怀着孩子般的喜悦与满足在摇篮似的小池边旋转嬉戏，博列得却用坚定的目光发现一艘船，可以载着她驶向远方。她是这样为自己辩护的："我发现我对自己是有责任的。"

虽则她选定目标使她与别人不同，但是她与上面提到的人还是同样缺乏力量。然而，博列得的脆弱的意志不像其他人，不是不能够希望生活有一个特定的形式，而是来自缺乏勇气。她不敢遵照这两句诗说的去做：

她要展翅飞越前面的路，
才知道翅膀会折还是会飞。

（引自易卜生《恋爱喜剧》）

当其他人毫无计划、随波逐流混日子的时候，她也不可能走出因循守旧舒舒服服的日常生活，而投入未知和可能危险的未来。这种谨小慎微的理性也指导她在家里的行为：她能干，忙忙碌碌，但是对小希尔达的公然反叛不愿沾边，对艾梨达的憎恨掩饰得严严实实，反而还跟她友好合作。

博列得跟别人一样无所作为，终日等待外界的帮助——"某个奇迹"或者"某种时来运转"。"哦，我心中没有真正的想法。我想，可能我本来就是应该呆在这个鲤鱼池里的。"由此，当仅有的那艘船出现在她的鲤鱼池里，一名船员挑逗她一起去周游世界时，她很快就被人说服了。这不是自己面对世界，热烈去赢得自由，而是让自己去接受一个新的束缚——婚姻。

阿恩霍姆，博列得从前的教师，艾梨达从前的崇拜者，向她求婚。他在海上对这位女士爱慕了很久，因而决定矢志不渝。照他本人的意见，他决不会移情到另一人身上。但是一场误会使他相信博列得爱他，这个错误使他沾沾自喜，觉得自己跟博列得天生有缘，即使在她跟他把事情挑明了以后。他说："慢慢地我让自己产生幻想……我在心里对你滋长一种热烈感激的情意……你的音容笑貌存在我的幻想中，永远不会失去光彩。"

阿恩霍姆甚至对未来的生活自顾自地想入非非，他觉得不再需要以真情作为基础建立他的新关系，博列得也不需要把自己的自由建立在真情中。但是他有意的自欺欺人却比他对艾梨达的真正感情更奏效，因为这样做叫博列得投入了他的怀抱。如果说对他第一个所爱的人，他不可能成为"那个陌生人"，诱使她到大海上去过日子，他在博列得身上还是挺成功的，因为他使她脱离她家四周狭窄的围墙。不管如何，"陌生人"即使从小处来说，也满足了博列得相对安分的遐想：一个家境富裕的男子，像个头顶微秃的校长戴一副金丝边眼镜，可以带她畅游世界各地，满足她的求知欲，让她第一次学习地理知识。

事实上，对她来说代表"陌生人"的不是阿恩霍姆，而是凌格斯川。因为博列得前些时间装腔作势表示无限好感时，答应凌格斯川她会好好想念他等到他回来。这不意味什么，因为凌格斯川——虽然他对她的诺言洋洋得意——在动身以前还正忙着跟希尔达调情。表面上，他没有想方设法对背弃诺言的行为狠狠报复，像艾梨达的真"陌生人"那样贯彻自己的信念。

所以我们看到，阿恩霍姆、凌格斯川、希尔达、博列得这些配角，都是表演艾梨达主题的各种各样变奏曲，用滑稽手法接近于闹剧。最令人意外的是博列得这个人物充满揶揄。从某种意义来说，博列得属于这样的女性人物，她们直到那时为止，争取解放的愿望都是慎重严肃对待的：她像娜拉和阿尔文太太一样，摆脱了一个狭窄家庭才争取到生活阅历的机会。但是这时对自由的期望最后却表现成对束缚的俯就，因为"不用为未来担忧，不用为赚钱操心"，那有多好啊。她没有看到自己的自我矛盾，因为她争取的自由不外是走捷径去过一种舒适的生活，她的目标也是够低的了。娜拉和阿尔文太太的理想和抱负被一个"胸有大志"期望得到教师文凭的女儿，转化为一种市侩式的知识追求。

因为他们是普通小角色，对于他们缺乏自我教育、自我制约——这对艾梨达则有严重的危险——可以一笑置之。大浪滔天，雷震四空，而小浪则静静钻入沙地。

这些游戏与痴笑，同时都是在一件严肃的大事慢慢消失后留下的余音，然而却使我们有心理准备去看到一个新悲剧。它就像一首序曲，引出易卜生的最后一个重要女性角色：海达·高布乐。

这些只是像伴奏似的隐约可闻的声音，在接着的海达一剧中，则拔高到了主要的基础低音。在这个无伤大雅的调笑与调笑下隐藏的东西中间有巨大对比，这也存在于从滑稽无害滑到悲惨宿命的过程中。

在需要与实现之间，在梦想与完成之间渗透的矛盾，在艾梨达一剧中是对所有配角的冷嘲热讽，而在海达·高布乐的主角身上则发挥到了极致。海达代表自我矛盾的集中表现，在上述其他角色中只表现为天真的、不同的无害性。她这个形象对自由有无限的要求，对义务与责任则断然拒绝，追求世俗的物质生活，沉湎于庸俗的享受。海达处于旷野与家室之间，既想要自由又可以受束缚，没有勇气接受走向一端的后果，又不能折中调和。据说她生来向往大自然，却又自称安于家室，这种半吊子立场使海达成了笑柄。她完全缺乏原动力，不知自我定位，这都促成她这人的矛盾。

在海达·高布乐身上出现不成熟的艾梨达的基本特征：没有形式和内容，对她的最初的自由梦的否定。但是在艾梨达身上是一切都太富裕的结果，几乎是病态的内心世界，它通过一个稳定的意志渐趋成熟，而在海达身上是缺乏内心世界和发展能力——这是一个穷极潦倒的灵魂。海达是必须往上爬的深谷，没有生命，看不到深不可测的江水，而是一座空荡荡的谷地，里面一无所有，不存在巨大力量。在我们看来她不像在生存中奋斗，徒然寻求表现自己心声的人物。恰恰相反，她完全控制自己，表面上不动声色，是令人捉摸不透的贝壳，任何时刻不露真相的假面具。易卜生早期的人物，神情揶揄满足，装得很会寻乐趣，而海达的浮浅叫人不知所云，就像虚无缥缈的空谷却传来了华尔兹的乐声。

我们见到的不是艾梨达天性的病态（只是经过长期治疗才痊愈），而是另一种完全不同的精神状态，表面上看来健康、"明白、冷静"。她对生活没有热情，有一种毫无生气的冷峻或者濒临死亡的虚弱，当人生要求变得更贪婪、更无边际时，她对生命的要求则更微弱。她像披着羊皮的张牙舞爪的狼，用以掠夺为生的体力换取了纯然以掠夺为生的精神。她命里注定要过一种沉闷平凡的生活，胆战心惊地避免一切大胆行动；她有气无力发脾气，不敢流露心中的野性，没把追求自由当做一回事，就像一只软绵绵的手在玩弄武器。她没有目标，即使有，也不知道如何打中它。所以有个玩具就够使她满意了，玩具至少帮助她不至于没事闷得慌。"我站在这里懒洋洋，对着蓝天放枪！"这句话成了她的箴言。"让她自己来吧"是惟一积极的倾向，依然保留在她的人生理想中——对时间进行任意破坏的自由。

普通人的一般精神状态跟精英分子的较为简朴的思想实质是相对立的。因为精英人物依然能够发展一个自由生活，让这个世界跟阁楼世界和解，或者有能力去参加这两个世界的斗争。被排斥在这两个世界之外的是懦夫，他傻里傻气地吸收了这些有争论的元素，但是又把它们看做是这些元素的真正克服和结合的滑稽对立面。如艾梨达得意洋洋的话就是明证："自由和负责任。"像海达这样的人，能做的也只是蹑手蹑脚走进秩序井然的阁楼生活中寻求保护，在那里她将躲开危险的暴风雨，在那里她不用忍受力量的考验；在阁楼的静默中，总可以不受人注意，因而也不受人惩罚，她能够啃一啃禁果。这样一个人消极无聊地等待，直等到各事巧合带来一种刺激，带来一种新鲜空气，但是不允许真理之光照射进某人的生活。因为这样的人，虽然渴求自由但躲开亮光，这样的人企图采取惊人的妥协去衔接南北两极。

"阴影和新鲜空气，两个都要。""哦，阳光铺天盖地涌了进来。（她拉上窗帘）这样给我光线柔和一些。"我们听到一个女人的声音说。海达说着这些话——仿佛揭下了面具——站在早晨的阳光下，而秋天的叶子从外面的树上落下。

早晨的阳光和秋意落在她的身上。因为她带着孩子似的、精神与道德上的不成熟，希望我们信任她这个人成长初期的幻想，她还必须忘掉她的破坏性的鬼主意，把身边的任何东西都贬低为玩物。这里不是娜拉在她的玩偶之家毫无戒备之心。海达不是不成熟，当她回到一个孩子的狭窄前景和嬉戏似的自我寻找时，反而像是一个过早凋谢的秋天。

虽则她具备破坏倾向，但是这些倾向跟吕贝克（《罗斯莫庄》）的天性中的原始魔鬼力量还是没有共同之处。在热情剧烈的暴风雨中，她的天性一直不分青红皂白地驱使她做好事与坏事，做卑鄙的事与高尚的事。海达的天性表露出来的除了穷极无聊做些令人讨厌的恶作剧，还有什么别的吗？关于她的早年生活，我们了解到的实际上只是对其他人的美貌产生无可奈何的嫉妒。她嫉妒气恼，促使她习惯性地去扯同学泰遏·吕星的头发，因为她长着一头美丽的卷发。这类气恼她终身都是有的；她只要一想到这头浓密光亮的卷发，她早先还能竭力控制的野性又勃然大发，要烧光泰遏的头发。但是幸好也难得把这邪恶的念头付诸实施；实施时也只采取并无大碍的方法；她面对无助的敌人，不用害怕什么的时候，她才会放手去做："有的事在我发现以前就找上我了；一旦找上我又不能够摆脱了。"

这些话是海达第一次上场，由于姑姑泰斯曼小姐穿得土里土气而胡说她有病时说的，但是有意义的是这里她把恶意掩盖起来，装得彬彬有礼，不露声色，这副假面具她是从来不放下的。

在父亲高布乐老将军的家里，她有机会练习怎样控制外表。这类"礼仪"和表面行为，就像其他人成长过程中所受的伦理道德教育。这跟其他地方的教育内容都是相似的，但是前者则将重点放在表面形式上。由于这样，在这形式正确的生活背后包含形形色色的性情脾气，要比一般的更有广度。这是真的，海达成长在一个阁楼世界，充满可怕的偏见、狭窄的限制，但是她在乎的不是活得自在，而是显得自在。

她的阁楼可以说像一个客厅，人人都多多少少戴上了面具，让自己的行为去适应客厅生活：幻想与现实是分离的。在众人眼里要按照规定的方式去行动，除了这份强制外，海达保留了按自己的愿望做事的自由。她不受繁重的责任的束缚，她在梳妆台前化妆、参加舞会、郊游和水疗来消磨青春年华。这类生活对她再适合也没有了，她也从来不埋怨。海达是易卜生笔下惟一在生活中从不因成长和思变而进行斗争的女性人物；相反地她还坚持自幼养成的生活方式，这里面足够容纳她的自我矛盾。她像博列得一样循规蹈矩，但不像博列得还做一些有效的活动，海达只是关注表面文章。她像希尔达和凌格斯川，生来爱好野外冒险，但是自从失去对生活的热情后就蜗居起来，小心翼翼摒弃一切会损害她名誉的冲动。她让她的目光在大千世界到处漫游，怀着极度贪婪的好奇心，但是像她这样的明白人，只是在思想上去采摘禁果。

从这个理由来说，海达作为一个少女，小心保护自己，不让任何事使自己受累。即使她很乐意在私下得到一些感官的乐趣，仅仅跟艾勒·乐务博格保持一种朋友的关系；那个青年是个不务正业的浪荡子，会花言巧语跟蛊惑她提到充满诱惑与禁忌的不干净世界。当娜拉和阿尔文太太年轻时，竭力追求真理，我们看到海达和她的朋友每天下午坐在房间角落的沙发上，面前"还没有照片簿，总是那本有插图的杂志"，专心在听乐务博格的悄悄话，这时老将军毫不起疑地"坐在窗边"，阅读他的报纸。

艾勒·乐务博格属于这样一类男人——其中也有遏尔吕克·布伦得尔——他们的第一位代表或许还是《恋爱喜剧》中的法尔克。尽管他们志向远大，勇敢地要挣脱狭窄的圈子去拥抱生活的汪洋大海，却缺乏一双坚定掌舵的手。所以他们不稳定，"受风浪摇摆。过不了多久他们愈溺愈深"。但是他们具备做自己的勇气……

可以理解的是，乐务博格跟海达进展到了不再满足谨慎朋友关系的时候了。"那时现实生活中的危险可以威胁到他们的关系"，海达对自由的渴望到底有多么严肃也变得很清楚了。乐务博格私下提出亲密时，她往后退缩，威胁要用父亲的手枪射击他。但是她在这件事上也退缩了。乐务博格跟她分手后，她也坦承没有委身于他只因是胆怯："我只怕引起丑闻！"

因而海达的爱好——从天性来看完全可以这样说——是向着乐务博格倾斜的，这种吸引力或排斥力在她心里纠结在一起难分难解；恐惧之中掺杂了他对她的诱惑。当然这不是艾梨达遇到陌生人时深切感到的那种恐惧，也不是一个人超越了寻求无聊刺激后思想成熟而进行的预防性抵制。在这个无疑讲究伦理的时刻，在恐惧的影响下，海达是完全退缩了，因为她还没有达到成长的那个程度。她甚至没有想到这种可能性，因为任何结合自我约束与责任的理想她都是反感的："不要对我谈什么责任这类事。"她害怕负责任，跟乐务博格作为"陌生人"结合，形成对神秘的艾梨达颤抖的滑稽模仿。因为海达经常使我们想起一个歪曲的艾梨达形象，她的"颤抖"是害怕在她的社会圈子里显出妥协的样子。

她在私下最欣赏放纵的勇气，最乐于看到乐务博格俯首帖耳的样子；她清楚地感到这些表达了她对生活的理想，只要她不是"那么胆小怕事"，会让自己冲动到最后。"是的，勇气……是的！人只要有了就好！"她悲叹说。她只愿意有勇气去蔑视和挣脱像胸甲似地紧紧束缚她个人的一切：穿得端端正正，举止一丝不苟，遵守社会规定的美的尺寸标准。她不能够让自己脱离这座小监狱；她本人懦弱，注定要做个有野性冲动但养乖了的海达。以她的观点来说，"自然美的闪光"洒落在"勇敢的行为"上，总是落在中规中矩的范围以外。出于这个原因，乐务博格即便猥琐荒唐，在她眼里却一点也不丑，还是她的一个天生的理想人物，"热心开朗，头发上沾有葡萄叶"。

因为海达在这些事情上毫无经验，也就不能救助乐务博格逃脱"溺毙"的命运。一个心态完全不同的女人，她伸出了援助之手，那是海达的老同学泰遏·吕星，海达嫉妒她的一头卷发。泰遏是老法官爱尔务斯泰的填房，管理他的家务，养育他的孩子。他娶了她，像她说的："因为养我并不费钱……我是个便宜货。"他们决不会去爱上对方，因为"他除了自己以外肯定不会对别人有感情"。她还承认"我们从来没有共同的想法"。泰遏没有才能或其他特长，过着没有欢乐的艰苦日子，尽心尽力去完成职责。她最大的愿望不是要求快乐和自由，而是盼望一份真正的工作，一个真正的家："哦，我要是有个家！但是我没有，以前也从来没有过。"她觉得最困难的事是对自己的婚姻现状保持幻想。她希望实实在在地担当一项工作，放上一份爱，她希望某个人需要她爱他。

艾梨达或海达周围的人中间，泰遏是最谦虚、最少野性和生来最不要求自由的人。但是她追求真的欲望，坦然展露内心冲动，使她是这些寻欢作乐、耽于空想的人中间惟一显得有棱有角的人。

当乐务博格到爱尔务斯泰家给泰遏的继子女当家庭教师时，他对她的无私的工作效率无比钦佩。只要对别人有好处，她从来不顾个人得失，愿意效劳，这与他自己的自我放纵形成强烈的对比，这给他留下深刻印象。他看着她感到羞耻，决定要学一学怎样心甘情愿克制自己和负起责任。

"他放弃了他的老习惯，"泰遏说。"不是因为我要他这样做，我是决不敢要他这样做的。但是他注意到我讨厌他的老习惯。所以，他就改掉了。"

他从来不跟泰遏谈到海达觉得特别有趣的那些事，"因为她对这些事一无所知"。但是当他努力唤醒或提请她的注意时，他本人早年的理想又浮上了表面。由于放荡的生活已在他内心埋没或变形的东西，他现在看到在泰遏的包收兼容的精神中又恢复了原始的纯洁性。所以他——当然在她的陪伴下——也成功地完成了一篇哲学文化论文，这使他充满了自豪并恢复信心，这部书是真正的精神婚姻的孩子。在这部书的基础上，他竭力去构筑一个更好的新人生，因为"泰遏的纯洁灵魂在这部书内"。当他带了这部书回来，要在海达生活的城市里重新得到他的地位时，泰遏跟随着他。她挣脱身上的束缚，尽管众人都对此有非议，因为她知道乐务博格需要她，她这么羞涩谦逊的人，处于爱情的中心位子上就有了勇气，乐务博格说起她："成为朋友时勇气陡增。"海达惊奇地问："但是，亲爱的泰遏，你怎么敢这样做的！人们会对你有什么样的说法？"但是爱尔务斯泰太太很有信心地回答："以上帝的名义，让他们爱怎么说就怎么说吧！因为我没有做什么我不该做的事。"

有趣的是在这部戏里，随着它尖锐批评对自由的有气无力的追求，我们突然想起了娜拉，以及她为了奋不顾身追求面对世界的自由而作的辩解。泰遏的情境是纯然外在的和可以比较的。比它更有意思和更有意义的是跟艾梨达冲突有一种相似性，还有完全相反的解决办法。对她的丈夫或者对她的继子女的顾虑都不足以使泰遏退却。在她眼前翱翔着对未来的高尚梦想。不是像艾梨达似的对自由的模糊期望，而是一种理解的珍贵的义务，一个全心全意接受的责任，并且针对另一个需要她帮助的人。她的挣脱和反抗传统的能力都是从她对责任的追求发展而来的，这在以前曾经促使她生活在受到信任的圈子里。相反地，尽管她开拓智力和期望自由，海达依然依赖一切传统习俗的东西。所以我们看到原来只有阁楼意识的泰遏，决然代表自由与真情，而海达现在却代表守旧固执，躲在阁楼墙壁后面心惊胆战。

娶了海达的那个人以前钟情泰遏，这是很有意义的；这两人都属于阁楼的居民，虽然实际他们的见识要超过海达。海达称丈夫是"专家"，其实他的知识面只是正好塞满现成的鸽子洞。泰斯曼像《野鸭》中的雅尔马·艾克达尔，是由两个老姑娘姑妈抚养大的，她们对他娇生惯养，但是又不像艾克达尔，他没有变得虚荣，而是成为一个"心地善良的人"。这两个女人的谦恭温良也影响了他的为人；她们一直需要"有个为之而生活的人"，也唤醒他心中对工作的真正热诚，自告奋勇的责任感——这些倾向与雅尔马充满幻想的生活是背道而驰的。没有独立思想，一味接受与摹仿，他永远在技术书刊、大量各类资料收藏里钻不出来；他忙着购买未经切边的书籍："给书页裁边也是一大乐事！"即使他初次出场时，我们已经感觉到，通过无私劳动去鼓励或重写其他人的有意义的作品，都是他最开心的工作。在戏的结尾，我们相信他那句发自肺腑的承诺："为此奉献一生"，这点就变得更加明白了。

海达目前的优越地位不是因为她比泰斯曼更有天分，而是泰斯曼不事张扬和简朴。他远远不像她那样被宠坏了。他娶她是因为他真的爱她，欣赏她；她追随他，是在她真正"跳舞跳得累倒"以后，是因为他是认真表示乐意看到她好自为之。她承认："这确实胜过我的其他崇拜者，他们做不到这点。"

其他人都躲开她，不愿意娶一个任性、被宠坏、头脑里只有跳舞和骑马的女孩子。当本地老法官因泰遏花费不大而娶了她，泰斯曼则跟海达结了婚，尽管她生活挥霍奢侈——他的全部幸福就是竭力满足她的要求。他还违背自己的天性，在一桩投机事业上去进行赌博，从而债台高筑。他最关心的事是看到她开开心心，兴致很高。第二幕中，他侍候她时说出了这样的话："海达，因为我觉得侍候你是很有趣的。"这是他对她一片真诚爱心的写照。

而她呢，一开始就完全在欺骗他。为了诱使他结婚，她利用自己的本能，把跟他共享家庭生活的愿望说得天花乱坠。通过种种牺牲，他给她安排了这样的家。但是她私下还有别的念头：一幢敞开的大房了，能够应酬交际，接待上等社会宾客，穿制服的仆人，一匹骑乘马。只有做到这些事，在她眼里才会驱除"终日跟同一个人守在一起"的无聊。她希望对于跟她做夫妻的"同一个人"不必有更深的了解，在她看来，泰遏希望生活中两个人相伴相助是完全多余的。当一部书变成乐务博格和泰遏所生的精神孩子，反映了他们生活接触中的严肃性和内心需要时，海达也有理由把近在眼前的生育看作是荒唐偶然的事，就像对她的为人与欲望的一种个人化滑稽模仿。

就像一个孩子是两个相对的人由于内心一致结婚后的标志，所以不育也成了包含不可调和的自我矛盾的信号。于是对海达来说，可怕的和纯然不可忍受的事在于创造的挑战；创造一个人生，通过它从中生成一个理想责任的循环。在永远缺乏创造性的存在以外，没有道路引导回到充实的现实和硕果累累的人生；因为一个绝对空虚的人生包含一个矛盾，海达差不多始终如一地这样说到自己："有时候看起来，我在这个世界上只有做一件事是有天才的……那是使自己厌烦得要死。"

但是必然地，这种绝对的空虚感直接会变成最物质化的享乐主义，只要想得出来的都行，匍匐在每日的土壤上，搜寻每一时刻的刺激。在淫逸世界中"贪图口腹之欲"，这需要一些文化色彩，跟布伦得尔和乐务博格攀得上亲缘关系，在海达的头脑里则已失去了文化的最后一点遗迹，她一心想的是物质享受。颇为典型的是那幕小戏，她获悉泰斯曼的经济条件不允许她有一个穿制服的仆人和一匹骑乘马。她立即举起她的手枪威胁："好吧，不管怎样，我还是有东西可供自己消遣的。"这不但有孩子般的效果，也有象征的效果。这时我们觉得海达跟死亡的距离出奇地接近，维持她活下去的养料又出奇地贫乏——只需要刮过一阵巧合之风，就可驱散她生活中一些无足轻重的事，使它们意义全失。

当我们看到海达游戏或打哈欠时，我们也注意到这反映一种严肃的心情，这是她的悲惨结局的出发点。她对有孕的身体内刚生长的生命感到晕眩和惊恐，她注视着黑暗的空谷，获得的是纯然否定的答复。这些静默的想法，总是把她带到绝望的边缘，没有一条路变得清晰，除了有时她挥舞拳头，目含怒意，暴露出她行为中的镇静都是伪装的。周边这类黑暗严肃的氛围就像秋意环绕屋子，黄叶纷纷落在窗前。她强颜欢笑，同样显得做作与苍白，在桌上许多大束鲜花中更显得如此："所有房间都像有薰衣草和干玫瑰的香味……这里面也有死亡的气息。这使我想起花束——舞会后的那一天。"

她不断地在寻找取乐解闷的新方法。这中间终于发现了一个朋友，完全像乐务博格以前那样的有趣人物，"任何不同的题材都可以被他说得妙趣横生"。他是一个家庭朋友：勃拉克推事。跟他与跟乐务博格的差别只是在这种情况下，她没有以前那么满足，尤其自从手枪只是用来打着玩的以来。海达只提出一个条件：他必须保留一切礼节，不让她受到连累。但是他也提出一个条件：他在三角关系中占据自己的位子，不把她与别人分享。作为回报，他必须帮助她在人生旅程中不被两人游戏厌烦得打哈欠，她在旅程中不敢时时跳下火车到野地上走一会儿，因为"旁边总是有人站着"要观看别人的大腿。于是，神不知鬼不觉地"第三个人走进了车厢，参加到里面一对人中间……这时，火车又动了"。她少女时代暗中希望的自由什么的，恰恰在让自己承受婚姻的奴役时才让自己争取到了，因为她没有勇气去真正自由——开放和不受拘束。她只有通过一种保护性的失望才变成自由人。真情与自由的理想都险恶地转化成了它们的对立面：为非真情服务的非所需的非自由。

这位推事与海达的结盟，几乎在它形成时已处于瓦解的危险。海达又遇见了乐务博格，对青春年代的朋友感兴趣的起因是一种强烈的嫉妒。泰遏已使乐务博格言听计从，海达受不了这样的事实，要竭力恢复对他的控制。通过泰遏的帮助，乐务博格又过上了简朴有序的生活，但是现在海达又让他恢复从前饮酒的习惯，她成功地夺回了权力。她试图让他感到要是害怕诱惑而胆怯躲避，那是可笑的，也不配做个男人。泰遢谆谆劝诫的事，在海达看来只不过是一时意志脆弱，因为敢作敢为——这是她对理想的描绘——才是她心目中的自由与阳刚气。值得一提的是当她向乐务博格要求"男性尊严"时，她是在实际上和本能上辱骂他是害怕更加遵守传统的儒夫行为。这样她的行为中有一个典型矛盾，她永远无法摆脱，因为这是她生来就有的一部分。

乐务博格在两个女人的影响之间摇摆。他在海达的鼓动下参加了勃拉克推事的宴会。从勃拉克府回到全市闻名的美丽房子时，他遗失了寄托他一生希望的那部手稿。泰斯曼在街上捡到了手稿，带回家交给妻子暂时保管。海达以前一心要对泰遢的鬈发怎样做的，现在忙不迭地也要对这份手稿这样做了，那就是用火烧。她这样做虽然一无所得，也不在这件事中期望达到什么目的，但把她没法创造的东西毁了依然很满足，所以通过这个行为让别人去体会她日夜面临的同样悲哀与无望。她这人连对自己体内的生命蠕动也感到恐怖与厌恶，看到"一桩真正精神婚姻的孩子"又如何忍受得了。

"现在我烧了你的孩子，泰遢！……你和你的鬈发！你和艾勒·乐务博格的孩子。现在我烧……现在我烧那个孩子。"

在泰斯曼面前，她原谅自己罪行的理由是她太爱他了，害怕看到乐务博格的才华抢了他的风头。她见到他一说就信暗暗好笑。事实上，他听了她解释事情经过后还大喜过望，虽然他对这原本乐意去阻止的行为感到震惊和难过。她真正爱他，对泰斯曼来说，是一个令人愉快的承认，跟她发脾气是难以持久的。娜拉对于做过的那件事，承认是出于爱而成了一件罪。海达在这里则引起虚假的幻想。

泰斯曼的行事方式，正是娜拉巴不得丈夫海尔茂也会做的方式。泰斯曼在海达的表白中，只听到爱的深情，我们一刻也不会怀疑若有需要，他会把妻子的行为不当包揽下来，用自己的名字与荣誉去保护她，以后由自己来承担她的赎罪。娜拉的这种感情，在世俗的泰斯曼身上得到了某些方面的实现，叫我们想起世俗的东西比畸形堕落的海达人物更接近真正的理想，海达则是普通大众的一个例外。所以对我们说来并不惊讶，再次看到那个懦弱的海尔茂身上的那些特征出现在别人身上，听到类似的大喊大叫："我不希望看到任何有关疾病死亡的事。别让一切讨厌的东西来烦我了！"

跟社会评论发生冲突时采取回避的本能，很快使海达跟少女时代的朋友乐务博格疏远了。在他累及自身，又愚蠢地失去新获得的大众的敬意以后，海达很容易被嫉妒的勃拉克说服，不跟乐务博格来往。结果是"从今以后，哪个好人家都会把乐务博格拒之门外"，她自己的家更是如此。她不是泰遏，泰遏会安慰他，帮助他，分担他的耻辱。当乐务博格拒绝泰遏的帮助时，泰遏惊叫道："那我一生还能做什么呢？"而海达则在思忖如何把他抛弃。当他在绝望中表示要结束自己的放荡生活，这可能符合她的秘密意愿。虽然她只是在这一幕后才把他的手稿烧毁的，她还是要他相信他的著作已经遗失了。她没说一句会燃起他的希望的话。如果说泰遏启发他重过一种新生活，海达的帮助只有让他坠入死亡。对于卑鄙的海达，自杀宛如一幅完整的英雄主义图画，一幅"完美"的图画。出于这个原因，她给了乐务博格一把自己的手枪，仿佛这是记忆的信物，要求他保证让自杀"完美地"发生。

乐务博格从她手里接过这件武器感激不已，但是他瞄准的却不是海达所希望的目标。他没有对着自己射击，他对海达的拜访也不是他在那一夜最后的拜访。后来他被人发现死在一名著名歌手的小屋里，那一夜他曾约她出去过，可能怀疑他的手稿在她的屋内。这把手枪，恰巧有另一只手退过膛，扳动过扳机，被人发现放在他的胸前口袋里。他躺在那里，肚子上有个洞，不是海达设想的那种英勇图景，一枪打在胸前或太阳穴上。他甚至被人当做小偷，因为"这件武器不是属于他的"。当海达听说这些事后，大叫："啊，多么卑微可笑！我在哪件事上都倒霉！"

但是他的死亡也影响到了她的命运，勃拉克知道海达扮演什么样的角色。现在她落入他的掌握中了。一个不讲良心的人的掌握中。唯有他能够让这位贵夫人不承担那么多的责任。她问勃拉克："你认为这一切会暴露吗？"她听到这声回答："不，海达·高布乐……只要我保持沉默。"

从他敢于使用她少女时代的姓氏，就可以感到他保持沉默会开出的代价。因为他知道骇人的丑闻，"让你怕得要死的丑闻"更是她难以忍受的。他在这件事上一点没看错，她不惜一切代价希望躲过这个丑闻。但是她又下定决心不要被别人左右："不会有自由了。这就不会自由了！……不……—想到我就不能忍受！决不。"

这是海达贯穿全剧说的最可爱的话，虽然她的全部自由也不意味什么有价值的东西，虽然她限定自己对任性总是给以一种专横和恼人的服从——这种任性既不是追求真正沉溺享乐的力量，也不是自愿承担责任——她所说的自由在她是一个顶峰，甚至比人生本身还高。即使她不懂如何利用自己生活中的自由，除了追求她自己一时的任性，她也决不屈从其他人的任性。在其他方面，她倒懂得如何去应付逼人就范的环境，毫无畏惧地提升了自己的独立性格，虽则她也知道自己总是摆脱不了软弱的奴役。只有一件事她可以随时去做的，那就是走出生活。

海达在告别时，又一次对自己的家和丈夫看了一眼，这一眼有粉碎性效果；她眼里看出来明明白白的是生活用某种方式把她放逐了。

泰斯曼坐在桌前，旁边有泰遏。灯光下放着乐务博格剩下的笔记和零星稿子。他们正在准备今后按照泰遏的记忆与众人的同心协力，来正确恢复这份残稿的目录次序。泰斯曼以他一贯的严肃态度为这份工作呕心沥血。他整理他人的著作要胜过独立创作。在这个情况下他还是抱着满腔热情去奉献自己最大的能力：“会做好的！非做好不可！……我自己的研究可以等一等……这是我欠艾勒的。”

因为这笔债还是由海达欠下的，所以他说：“海达，你理解我吗？”但是他为补赎她的过失而做的事，她本人却无动于衷。只是泰遏而不是海达，帮他做这些苦活。他跟泰遏日夜忙个不停。泰遏——带着对死者的爱——将继续给他启发。

“哦，天哪，我要是真能这样启发你的丈夫就好了。”她对她的朋友说，而泰斯曼欣然回答：“我真的觉得我开始对这件事有点感觉了。”

"难道没有什么事我可以帮你们做的吗？"

"没有，绝对没有。"泰斯曼向她肯定地说。惟一可以跟她自由交谈，叫她开心的人是勃拉克推事。一份判决书已经不知不觉间向她宣读：泰斯曼为了完成他的最佳作品，必须离开她，跟另一个女人一起，这就是他深深爱她的结果。这里结合了两个遵守世俗的人的一切行动与效率，一切真正的内容与遭遇。海达来与不来，去与不去，都无关紧要，她是完全多余的，对谁都没有用了，生活将会在她身后关上门，不留一点缝。

那时，海达慢慢走进那间黑暗的内室，那里放着她的钢琴，上面放着她的手枪盒。通过掀开的窗帘，在她点着灯的书桌边露出一张和平宁静的画，她觉得自己是个孤零零站在黑暗中的无家可归者。她看着这幅画，画上是小小的、与世无争的田园风光，可能是古希腊的田园风光，充满希望与生活气息，散发着力量与爱。对着这幅画，她只是站着，感到羞愧，因为这样的现实对她已不再存在，原本作为生活的起点对她是会有用的。

他们在桌上工作，突然听到从内室传来钢琴弹奏的舞曲，完全走调的，紧凑活泼的节奏断断续续。没有人想到这些浅薄快乐的曲调集中表现了海达的空虚人生——金光一闪，没有留下一点痕迹。具有凄凉讽刺意义的是这些曲调令人想起过去朦胧的景象：娜拉在我们面前出现了，她抱着死一般的决心，勉强跳起塔兰特拉舞。但是对她来说，如死一般的黑暗里充满超自然的"奇迹"和包含在野性音乐中的神圣之声。

娜拉人生之梦中的"奇迹"要素出现在海达的生活中。易卜生前期剧本中的女主角，都怀着追求个人独立的理想，而后期剧本中的女主角则怀着自我舍弃的理想。艾梨达在个人独立道路上朝着理想走去，期望与梦想中包含的"可怕部分"屡屡被模仿。

因为从阴暗嘲讽的意义上，这是一种自我舍弃的行为，海达通过它证明给自己的人生摇铃闭幕。她不像吕贝克为另一个人死去，她也不像艾梨达为另一个人活着。她为自己死去，犹如她为自己活着。她这样去死，证明了自己属于那些生来自由、不受指使的人，因为从她必须死去这点来看，首先暴露的是海达·高布乐的令人毛骨悚然的矛盾的全部悲剧性。悲剧性的一面是海达只是取消了自己，才向自己证实她的内心自由是真正存在的。她消除了那个受人指使的虚假的海达的一生；她原先陷在自己软弱的泥淖中走不出来，要是她活着，不会觉得勃拉克推事宣布"别人不会干出这样的事"的判决是可以接受的。

黑暗中，海达躺在沙发上，枪口对着太阳穴。她一生中就是拿这件武器当玩具——对着蓝天放枪象征向着自由飞翔，但是这没有内在的真理、力量或目标，从而一切也就没有价值，子弹射击的只可能是有价值的目标。通过确立目标的力量，它才赢得惟一可能的真理：

放上一枪——然后一无所有。

一则寓言

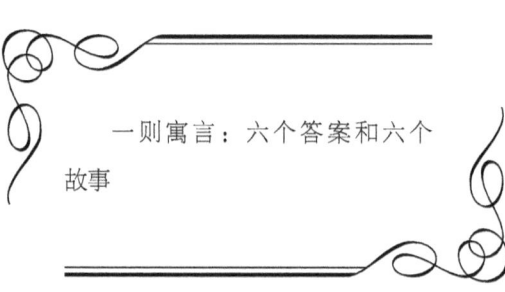

一则寓言：六个答案和六个故事

从前有一间阁楼。

矮而斜的墙壁朝着木地板下倾，日光透过结满蛛网的天窗和裂缝艰难地钻进屋内。地板上铺着整齐的麦秆，还放着一只盛满的水桶。这里关着各类捕获的动物，经过饲养和照料让它们脱离大自然生活。禽鸟咯咯叫着，大脖子鸽子在木桶铁箍上唧唧咕咕，有的从屋檐下鸽房里鼓翅往下飞。下面草堆上，受惊吓的松鼠正钻向圣诞树易碎的椎状针叶下。这些树像一座森林，虽然不久前圣诞节留下的彩色纸条还挂在树枝上。

半暗不明的角落里竖着一只新编的篮子，装饰讲究，布置舒适。因为在那些被剥夺自由的动物中，最珍贵的那只就住在里面，一只野鸭，也就是说"真正的野生"鸟。好像不但是最珍贵的，也是最可怜的。虽然它的同伴都乐意去适应人造的田园风光，但把一头野外的鸟关在一间阁楼里，这不是一桩千真万确的悲剧吗？

对于这个问题，我们有六个答案和六个故事。

娜　　拉

或者是作为一只无助的小鸟，从老窝里取了出来，放到了家禽中间，阁楼像一间快乐的大游戏房，她在里面娇生惯养，无辜地享受岁月，对自己的真正本性和出身毫无了解。它在那里通过一双野鸟的眼睛发现东西，留在印象中的不是一个真实的世界，而是一个人工模仿的世界。作为一个受人欢迎的游戏场地，提供色彩鲜艳的玩具，适合它孩子般的力量，所以它也慢慢适应了这个环境。

悲哀的是雨季来临，暴风雨猛击天窗，有时一阵狂风掀开了窗子，让小野鸭突然看到了天空与大地。随着第一道阳光照在它身上，引起了回忆与辨认。随着第一股空气灌入，驱散了木板房间的水汽，像从外界传来的一声问候。这像从远处，从远远超出这些有烟囱的城市屋顶的远处，这些阁楼和监狱之外的另一个原始的家园，传来了清新气息。

它还是不知道自己的家在哪里，只是知道不可能再呆在这里了。所以它的不可否认的本性和内心深处强烈的期望驱使它的翅膀翕动。那对从未飞过的翅膀能不能带动这只野鸭，面前是不是有一条路，穿越过去达到向往的彼处，一下子都不成问题了；还不成问题的是留在身后的事——其他人的恶意与痛苦，他们的愤怒或忍受——因为鸭子静静展开了翅膀，飞入了无法测定的未知世界，撂下了人人都在玩的大游戏房。

阿尔文太太

或者是小野鸭不是生来都有这么一个好运。没有暴风雨掀翻它的牢笼的门窗，也没有狂风猛力把它们吹开。所以它长大，活着，老去，最后悄然离去——都在这一间阁楼里。通过精心调教，它学到的是，虫蛀的板壁是不可逾越的屏障，似乎家禽世界的纪律与分类是天经地义的。它学到的是，像舞台布景构筑成的环境是惟一的大现实，除此以外什么都不再存在。

慢慢地，它让自己去迁就、去适应这个环境，也努力跟驯养的动物比一比谁更服从，谁更满足舒服。强劲扇动的翅膀在黑夜奇妙的梦境中突然展开，对着土墙不耐烦地拍打，反而要它去抑止。

但是这些耐心的努力都失败了。因为关于故乡、旷野和自由的消息传入了阁楼。即使自由不能随着暴风雨的解放力量汹涌而来，也还是迂回曲折地去而复来了，像个不声不响的信使。

阳光带来了这个信息。即使被驯养的动物也天天热切地等候阳光，阳光虽不被看做美丽的远方土地的使者，也可给阁楼世界带来欢欣鼓舞的变化。阳光照着陈年垃圾反射出梦幻似的光泽；桶里积水映照出斑斑驳驳的反光，蜘蛛网和尘埃像金线那么闪烁，枯干的圣诞树在暖流中居然像大地回春了。

但是传给鸭子的是一个完全不同的信息。阳光并没有美化鸭子的环境。恰恰相反，强烈的光使舞台幻想世界原形毕露，阁楼在无情的照耀下显出赤裸裸的贫困，黄昏笼罩下曾经被遮蔽的裂缝现在都暴露无遗，叫人见了心酸。

野鸭带着惊骇与期望追随阳光，因为这使它认清了事实，抛弃了幻想。它慢慢明白它自己的眼睛——环顾四处感到愤怒痛苦的野鸟的眼睛——是用于看清全局中的太阳与高山。它理会到自己生活在一个充满幻想的世界，阳光透过百叶窗照了进来，真正的世界存在于这后面很远的地方。

在模糊颤动的轮廓中，梦幻似地在它面前浮现了现实的图画，像从远处山林中传来泉水声，像在宁静长空掠过飞鸟。逐渐地这幅图画由于失望与怀念形成的强烈感情而有了光泽、色彩、香味和亮光，直至它出现竖在那里，几乎可以伸手触摸，那么温暖，充满了生韵，以致四周的舞台世界看来像蒸发成了不具形状的魔影。在它的家禽同伴的咕咕呱呱声中，在灰尘堆和木隔板的摇摇欲坠中，野鸭梦见自己与千万只生来自由快活的禽鸟心心相印，在大地上空振翅高飞，直往阳光而去。

冲出樊篱重获自由，然而同时也在死亡，饥渴的眼睛正对着太阳搜寻，带着垂落的翅膀孤独地跌落在圣诞枯树中间的怨鬼堆里，谁能说处在这个梦境里的野鸭没有获得真正的解放呢？

雅尔马和海特维格——鸣鸟

但是或者是一只一生囚禁而毫不在乎的野鸭。在一次狩猎中，它可能被一颗子弹打中翅膀。它可能沉溺到水底，嘴里含着海草，直至一只尖鼻子的猎狗找到它，带给了猎人。起初，它跟驯养在阁楼里的禽鸟一样感到窒息，但是那时遇到一只小鸟，它双目失明也就甘心囚禁在那里。瞎了眼睛也就看不出阁楼世界的穷困与狭窄，然而它的本性倾向于原本在阳光下自由自在的野鸭，这促使它退缩到一根小枝条上，向鸭子颤声唱出它最动听的歌曲。

其他动物也各显技能向这位见多识广的外来者表示倾慕，在它决定加入时觉得很荣幸。它得到了最好的照顾，最佳的食物，这样当然比在野外可能做肉食鸟的口中美味要安逸得多。由于翅膀不硬，自由含有风险，它退了出来，也就很容易适应了舒适的监狱。吃得好，活动受限制，变得肥胖和懒惰，这对于期望、好动与意志逐渐产生了一种弱化催眠作用。在潮湿的空气中，一度也曾顶着风暴劲飞的肺呼吸急促了；飞行本身也蜕化成为像鸡翅的抖动。没有东西使它们想起自由空旷的大自然，除了家禽咕嘟声中小鸣鸟的甜蜜小调。

说实在的，每次鸟鸣声响起，它回忆起昔日的情景，但是这些回忆很久以来已经变了样，不再有艰辛与痛苦，而是解闷的玩笑和吹嘘吃喝玩乐的浅薄无聊。所以囚禁的野鸭开始给自己涂脂抹粉，伸展受伤的翅膀，对其他禽鸟夸耀自己曾经如何勇敢，在乌云密布的天空下迎着暴风雨翱翔。但是它与好脾气的鸽子和鸡作伴，生活悠闲安全。头顶上再也没有乌云，只有随风吹来从矗立的烟囱里逸出来的黑烟，头顶上再也没有闪电，除了从厨房灶头里喷出的火星。

禽鸟听了野鸭的戏剧性叙说感到很开心，只有一只还把这种装腔作势追求自由的承诺当作一回事。这只瞎了眼睛的小鸣鸟真以为可怜的狱友伸展残缺的双翼在尝试再度腾飞。当它强烈希望帮助它学习如何张开翅膀和获得自由时，它忘记了自己，忘记了自己失明的绝症。它摸索着拍动翅膀，在黑暗中，在陷阱似的老垃圾堆里，学习腾空时却跌在地板上折断了翅膀。

吕　贝　克

但是或者是野鸭在狭小的监狱里自杀了。或者是这说明它让自己安置在这儿还是甘心飞进这个牢笼里都是毫无意义的。这只野鸭是一只生气勃勃、勇敢的鸟，看起来像受了怂恿，要在软弱乖顺的禽鸟中称王称霸，试试自己的运气。为了能够按照自己的心意获得自由，它依靠的是经过考验与实践的嘴与肢体的力量。它的意图喜出望外地得到了成功。它的优势和实力使得家禽感到胆怯，它会无情地推倒障碍，粉碎抵抗，所以不久使它们都俯首称臣。新秩序建立初期必然会带来混乱和破坏，野鸭对此并不关注。总之，它的出现给趋于稳定的地方带来了一种全新的法律——强者的统治。懦弱的同伴没有力量对它进行报复。

但是它们还是进行报复了。

当然不是通过反抗和敌意，野鸭在这方面还是占优势的，而是通过爱与友谊。这把野鸭束缚住了，使它离不开它们。正是通过这个情境，潜在的危险变成了实际的危险，这也是驯养影响野性的真正危险所在。弱者对危险习以为常，使强者也感觉如此。它虽然生在自由中，却不是与猛禽一起在家禽中间寻找受害对象。在野外时它曾与其他猛禽争夺。而今它跟能够适应人类世界的生物更加接近，还跟它们过于接近，已摆脱不开这种关系。把它与萎靡动物束缚在一起，实际上跟瞄准了把它打下来的枪弹一样有效，也像脖子上一条套索，慢慢地收紧，夺去力量。

它在压抑狭小的空间徘徊太久了，那里人类的习俗与纪律统制一切，野性的冲动都已被消灭，一切偏离都要受到惩罚。随着时间的发展，它对惩罚与监督的想法已习以为常；回头来看，想到逐渐严厉的禁令和令人憎恨的罪行，对目前处境有一种不自在感。静静地，秘密地，像黑夜中的强盗，自己属于家禽的意识在它内心开始蠕动。这像一股幽幽的溪流，悄无声息地冲淡它偷盗的勇气。像不敢轻举妄动的畏惧，渗入了它的勇敢的力量之中。在湿淋淋的黄昏，慢慢露出了一个像是无形的灰色鬼魂。它无影无踪，蜷缩成一个球——毛骨悚然，让人颤抖，让人暴露。

野鸭自命"高贵"，这是人创造的一个词，但是对它生在野外的生物来说，看起来仿佛生了病，变得痛苦、无助和可怜。

所以某一天可能发生这样一件事，有人微笑着，同时又嘲讽地打开一扇天窗，它也没有胆量敢往外飞。他们知道可以给它的监狱敞开大门，因为任何外界束缚都不及使它萎靡不振的内心束缚那么牢固。这些人虚荣神气，以为对俘虏可以为所欲为，但是他们高兴得太早了，因为野鸭偶尔也会领悟到自由，虽然这一种自由跟它从前憧憬的自由不相同。它靠着敞开的窗子有所期待，仰望明亮的天空向苍穹点头。然后惊恐地环顾四周，寻找阁楼里的鬼魂，然后感到一阵昏迷，不知方向。从下面深处好像有什么在她背后慢慢往上升，直至把它擒获，往下沉，跌到天井院子的地面上。

在野性与惰性、自由与束缚，自然世界与阁楼世界之间存在可怕的矛盾与冲突，它找不到解决与协调的方法。

它若最后向往亮光，
因怕黑夜的鬼魂，
会带着残缺的翅膀，
从迷惑的窗口纵身。

——易卜生

艾 梨 达

或者是不论发生什么事，总会有一个解决办法，只要野鸭不去疏远家养的同伴，不抱着阁楼的精神对自己酝酿不正当的报复心理。只要不鲁莽从事，听从需要与无经验，乖顺谦恭地被赶入庇护所。

它不知道在飞行中只要有一刻偏离直线，就会不可挽回地落入罗网，这事一旦让它清楚了，心头便会涌起一阵野性强烈的酸楚，害怕失去自由。它在木板墙之间惶惶不安，盲目地、畏惧地东冲西突，掀动翅膀左右乱飞，蹲在半暗不明的角落发愁，惊恐战栗，仿佛狭窄的四壁随时都会倒下，把它压在瓦砾堆里。

人与动物都枉自试图减轻它的思乡病，愿意献出一切劝其留下来。但是它很少注意到具体东西，仅仅看到自己得到体贴入微的关怀，尽管如此，在它们中间依然感到陌生和孤独。它时时刻刻好像身陷囹圄，消沉伤心，与周围发生的事格格不入。可是主人与同伴都不让它觉得委屈不顺心，虽然野鸟已经用自己的想法影响了它们。

大自然广阔自由，含有神奇的魅力与诗意，像魔法似地缠住它，也在它们心中唤醒和保持一种强烈的情愫。——它永远无法舍弃的那个记忆不清的故乡，遥遥遗忘的仙境。它一直用引人入胜的零星图像，给它们拼凑这片土地，而它自己内心备受折磨，对这块遥不可及、无法测量的地方有一种畸恋，也因囚禁与狭窄产生了惊恐之情。

人与动物都不会漠然看着它日夜憔悴，坐以待毙。把它留在身边作为大家庭的一份子，这个愿望减弱了，代之而起的是对这名可

／阁楼里的女人：莎乐美论易卜生笔下的女性／

怜的囚犯动了恻隐之心。大家决定让它离开，无可奈何打开窗子。这时又一次出现了令人不解的奇事——放飞的野鸭却不乘机逃亡。

它并不一飞冲向高空。

当它可以自由展开翅膀时，它身上却像解除了魔法。因为怕当囚犯才使它那么向往自由；暗地里害怕的只是锁链的束缚才有了远走高飞的想法。这是生来自由的生物所畏惧的事，它们永远不会甘心受强制和奴役。当通过爱把自由归还给它时，这削弱了它谵妄中出现的幻象。这种由爱而生的行动的无私性，向它证明它已经赢得了驯服的同伴的心，这样自己在感情上是属于它们的。

野鸭又惊又喜，认为这是它自己征服了驯化的世界，是它带着崇尚自由的奇妙吸引力和野性，在它们的爱情中筑巢住了下来。它看到自己也不用羞怯地拒绝接受它们长期以来要给而没有给成的东西，它一直没有注意的礼物：保护、睦邻关系和友谊。

它也不再希望逃入旷野，但是只希望自愿承认的疆域不再是强迫性的分界线。它不希望误用自己的翅膀，让翅膀自由伸展，不是要在它与同伴之间增加距离，而是在它们的中间自由飞翔。

海　达

或者是大家可以羞答答地、快乐地体验这样的事，决不用关上阁楼的天窗。它们可以开墙，安装大窗子，让空气与阳光不受限制地涌入，让鸟随意飞进飞出。这样一来，阁楼就会慢慢开放，由一间牢房变成自由的圣殿，驯化与野性和解融合的圣殿，收容一切在蓝天下迷失道路、找不到归宿的东西。

或者把它比作为屋顶上阳光下的一只温暖的大巢，仿佛是一座瞭望塔，谁都看得见，对谁都开放，连接普天下无数自由高效建立的小野巢。在这个地方，即使最急于到远方流浪漫游的人也会安静下来，心甘情愿限制和摆脱自己的冲动——这是阳春季节构筑的爱巢——这是一个家。

什么样的生物还会排斥在这个团体以外呢？这必须是命里注定在同伴中间找不到家的一种鸟。没有欲望真正到远方流浪漫游的一种鸟，因为它缺乏生来自由的鸟的勇气，也因为它对同伴的保护与和平充满憎恨。它还同样缺乏驯化居民的情感和温良。既不能跟世俗斗争，也不会调解针锋相对的要求，它必然永远忙忙碌碌、一事无成。

它对外面的自由大世界从来不看一眼，因为尽管它聪明美丽，看到空旷的距离就不寒而栗。它对周围的小世界也不会有认识——即使在最温暖的窝里，它看到的也只是四堵墙壁。野性的与驯化的要创造一个家的愿望，它都是厌恶的，因为它自己对生活本身没有愿望。由于这个原因，这个充满生命的世界对它却不存在可能的生存形式，尤其是创造性形式，它甚至连它自己的生存形式也摆脱不出来。这就会跌入其他人的掌握中不使它蹉跎岁月——也就是说在猎人枪口下迅速死亡。

图书在版编目（CIP）数据

阁楼里的女人:莎乐美论易卜生笔下的女性/(德)
莎乐美著;马振骋译.——上海:上海人民出版社,
2013

书名原文:Ibsen's heroines

ISBN 978-7-208-11643-6

Ⅰ.①阁… Ⅱ.①莎…②马… Ⅲ.①易卜生,

H.J.(1828~1906)-戏剧文学-女性-人物形象-文学研究 Ⅳ.①I533.073

中国版本图书馆CIP数据核字(2013)第217281号

出品人 邵敏
责任编辑 张玉贞
封面装帧 赵瑾

阁楼里的女人:莎乐美论易卜生笔下的女性
[德]莎乐美 著
马振骋 译

世 纪 出 版 集 团
上海人民出版社出版
(200001 上海福建中路193号 www.ewen.cc)
世纪出版集团发行中心发行
常熟市兴达印刷有限公司印刷
开本890×1240 1/32 印张6.25 字数197千
2013年11月第1版 2013年11月第1次印刷
ISBN 978-7-208-11643-6/I·1176

www.ingramcontent.com/pod-product-compliance
Lightning Source LLC
Chambersburg PA
CBHW031234260626
47169CB00007B/2285